働く人を守る

―「連合」25年の実像と役割―

発　行
日本リーダーズ協会

編著者
久谷 與四郎

はじめに

この本を書くきっかけは、NHK放送文化研究所の2013年の『日本人の意識調査』の質問項目の一つ、「労働組合の団結権が憲法で保障されていることを知っていますか」に対する回答率が21・7%と、考えていたよりはるかに低い数字、つまり5人に1人しか知らない状況にびっくりしたことでした。

同じ質問に対する回答を過去のデータを遡って見て、また驚きでした。1973年の数字は39・4%とほぼ倍だったのです。これも決して高いとは言えませんが、それでも5人に2人は団結権のことを知っていました。それが5年ごとの調査の度に減り続けて、ほぼ半分に減ってしまったのでした。

同時に思い起こしたのが、東京地方裁判所で労働審判員をした際の経験でした。事案の資料を読むたびに、「こんなことは労働基準法の基礎知識があれば、紛争の前に当事者間で解決できているはずなのに…」と考え込むことがしばしばでした。審理で接する労働者にも使用者にも、労働法に関する知識がほとんどゼロに近い場合が少なくありませんでした。裁判官の労働審判官を交えて協議を終えて部屋を出たところ、さっきまで審理の場にいた経営者が廊下で待ち構えていて、「法律がどうなっているか教えてほしい」と懇願され、関連する法規の解説をしてあげたこともありました。

労働審判を申立てる労働者の職場には労働組合がないことがほとんどですが、それにしても労働組合の存在とか労働運動についての関心と知識が、今の日本社会から希薄になっている状況の一端が、さきに触れた団結権の認識度の低下や、労働審判で経験したように労働法規の知識が低い状況に凝縮しているように思えてなりません。

労働政策研究・研修機構の調査（2007年「職場におけるコミュニケーションの状況と苦情・不満の解決に関する調査」）によると、労働者が何らかの不満を抱えた場合に、多く相談するのは先輩・同僚（41・8％）管理職（35・1％）で、労働組合はわずかに14・9％でしかありません。この調査データも、職場から労働組合の影が薄くなっていることを物語っています。

2014年の夏、過重労働が原因で人が集まらなくなって、一部店舗の閉店に追い込まれた外食チェーン大手のニュースを覚えている人は多いはずです。トイレに行く時間もない夜間の〝ワンオペ〟（一人勤務）、月100時間を超える残業時間の社員やアルバイトが常に数百人、中には月間労働時間が400~500時間という超過労働…と、想像を絶する猛烈な働かせ方。サービス残業は強制に近い形で常態化していて、「これでは働いても結婚もできない」「まともな生活ができない」「ハードワーク、睡眠不足・ストレスで倒れ、車で事故が2回。体力の限界」などの言葉を残して、従業員が相次いで退職し、その代わりの要員採用もままならず、一部店舗で閉店を余儀なくされたのでした。

この会社には労働組合があるのに、組合はこんな労働者の実態を会社に指摘することも、改善を求めることもせず、労働組合の役割を放棄していました。労働組合が機能しないと会社の経営を大変な危機に陥れることを、この事件は教えてくれました。労働組合への関心が薄れ、労働運動や労使関係についての知識レベルも低下して、運動そのものが社会から軽んぜられるようになることも同様に、社会にとっては危機の前兆と受け止めなくてはなりません。

「連合」は2014年11月に結成25年の節目を迎えました。労働戦線統一の結果として誕生した連合は、この25年間で組織の執行体制を整え、精いっぱいの努力と活動に力を入れています。連合が結成されるまでは、複数の労働団体がバラバラに主張をして足並みがそろわず、働く人の生活向上のために一本にまとまって、政治の場面や行政的な対応で、広範な働く人の課題を解決していく取り組みは十分に行えませんでした。しかし、連合結成後は、いわゆる「政策制度要求」として、その取り組みは軌道に乗ってきています。

しかし、普通のサラリーマンに関心の高い賃金や労働時間など、働く人一人ひとりの個別労働条件に関しては、バブル崩壊後のデフレ経済のもとで、残念ながら誇れるような成果は十分に出ていません。逆に後退を続けている部分さえあります。また、雇用の多様化が急速に進んで、パート、アルバイト、派遣などといったいわゆる非正規雇用の労働者が増えています。労働組合が最も手を差し延べなければならないこのような労働者を仲間に入れて守るということでも、まだ不十分な状況です。

私たちはこのような思いから、まず「連合」25年の実像をありのまま働く人たちに知ってもらい、まず関心を高めてもらいたいと考えました。労働組合のことをあまり知らないごく普通の労働者に、連合の姿を正しく知ってもらいたいと考えます。それだけでなく、企業の経営者や人事労務の仕事に携わる人たちにも理解してほしい。労働組合の役員、執行委員になったばかりの人の入門書にもなればいいと願っています。このような思いで、私たちはこの本を企画し書き始めました。

連合の姿を正しく知ることを通して、労働運動と労働組合についての関心と知識が、働く人たちに広く行き渡ることを期待しています。そのような状況が一般化してこそ、日本の健全な労使関係は維持され、日本社会が持続的で活力を持って発展を続ける将来も約束されると、私たちは信じています。

目次

第1章 「連合」はこうして結成された

「連合」の結成大会（1989年11月21日）

労働戦線の統一が必要なわけ

労働戦線統一は、日本の戦後労働運動の宿願でした。「連合」はその悲願がようやくにして実って、1989（平成元）年11月21日に誕生しました。現在、連合に加盟している労働組合員数は684万4000人（厚労省「2013年労働組合基礎調査」）、**組織労働者**全体の69・3％、日本の労働組合員の7割が連合に加盟しており、まさに日本を代表する労働組合の中央組織（ナショナルセンター）です。

さて、連合を誕生させた「労働戦線統一」というのは、どういうことをいうのでしょうか。労働組合はだれも知るように、賃金労働者が労働条件を維持し改善させ、さらに向上させるための団体です。その実現のためには、労働者がバラバラに経営者と交渉しても上手くいきません。バラバラでは、労働条件が下へ下へと切り下げられる恐れもあります。みんなが力を合わせて交渉しないと、力関係で上位にある経営者とは対等に話合えないことは洋の東西を問いません。ですから、ＩＬＯ（国際労働機関）の最重要の取り決めには、「結社の自由と団結権の保護条約」（第87号条約）があり、日本国憲法でも第28条で、「勤労者の団結する権利及び団体交渉その他の団体行動をする権利は、これを保障する」と**労働基本権**が保障されているのです。

●**組織労働者**
労働者は厚労省の2013年調査によると、組織労働者総数は987万5000人。雇用労働者は5571万人だから、労組の組織率は17・7と低い。

●**労働基本権**
憲法28条が保障している団結権、団体交渉権、団体行動権は「労働三権」といわれる。団体行動権には争議権とそれ以外の集会、デモ、ビラ張りなどが含まれる。

離合集散が続いたニッポンの組合

それなのに日本ではそれまで、「どうして労働組合が一本にまとまらなかったの？」と、疑問がわいてきて当然です。その前に、日本の労働運動の戦前・戦後からの流れを、大まかにおさらいをしておきましょう。

日本では1897（明治30）年に「**職工義友会**」などいくつかの労働組合が産声をあげたのですが、政府の厳しい弾圧に加え、運動の未熟さもあって数年で立ち消えになってしまいました。再び労働運動が芽生えたのが大正元（1912）年8月、**鈴木文治**によって設立された「友愛会」でした。

友愛会を設立した鈴木文治

鈴木文治は政府の弾圧を警戒して、初めは共済活動を中心に友愛会をスタートさせましたが、やがて「総同盟」と改称して本格的な労働組合に育っていきます。

ところが、総同盟となって4年目に、

●職工義友会
アメリカから帰国した高野房太郎らが「職工義友会」を結成して「職工諸君に寄す」と題した檄文を各地で配布。その後「労働組合期成会」や鉄工労働者や鉄道労働者などの組合が結成された。

●鈴木文治
キリスト教の影響を強く受けて育ち、東京帝大卒後の新聞記者時代に貧民の生活のルポ記事を連載。労働者階層の困窮を救う目的で、同士15人と「友愛会」を設立した。

左派のグループが「**評議会**」と名乗る新しい団体を作って分裂しました。総同盟が労使で団体協約を結び団体交渉を中心に労働条件を改善する堅実な運動を進めたのに対し、評議会はそのような生ぬるい運動では社会を変えられないと、急進的で過激な闘争を繰り広げました。総同盟の運動とは正反対の、共産主義イデオロギーにもとづいた革命志向が、分裂の原因でした。

戦後、労働運動が復活した際、戦前からの**政党を背景にした対立**と相互不信から、「総同盟」と、評議会の流れの「産別会議」の二大潮流がそのまま復活しました。しかし、産別会議が1946(昭和21)年に計画した「**2・1スト**」がマッカーサー連合国軍総司令官による禁止命令で中止に追い込まれたのを転機に、共産党の労働組合への介入・支配に反対する民主化運動が盛り上がって脱退が相次ぎ、1948(昭和23)年に「新産別」が結成されました。

さらに1950(昭和25)年には産別会議脱退の主要労組と総同盟左派が参加して、「総評」を結成しました。総同盟に残留した右派は再建「総同盟」として存続し、新産別は総評結成後にいったん総評に加盟しましたが、2年後に脱退しました。

総評は結成時には、民主的な労働組合の統一結集組織として、「反共」と「国際自由労連」指向を旗印にスタートしました。しかし結成の翌年、高野実事務局長の就任を機に「ニワトリからアヒルに変身した」といわれる方向転換をして、左派路

●**評議会**
総同盟内部で共産党系グループが公然と分派活動、除名されて結成した。数年で結社禁止・解散、幹部の相次ぐ検挙と、官憲から厳しい弾圧を受けて壊滅的状況に追い込まれた。(第2章の39ページの脚注も参照)

●**政党を背景にした対立**
1928年の第1回普通選挙を前に、社会民主主義が理念の社会民主党、左派の労働農民党、日本労農党の3無産政党の他、非合法の日本共産党が結成された。労働組合は政党の離合集散のたびに分裂した。

線を歩み始めました。このため総評から右派の組合が相次いで脱退、1954（昭和29）年「全労会議」を結成、総評が分裂しました。

全労会議は1964（昭和39）年、総同盟と統一して「同盟」を結成。一方、これらのどこにも属さない中立組合が集って1956（昭和31）年には「中立労連」をつくり、それ以来、日本の労働運動は〝**労働四団体**〟時代が連合結成まで続いてきました。

実に複雑怪奇で、一度では理解できないでしょうね。でも、日本の労働運動はこのように離合集散が繰り返されて来たというのが歴史の事実なのでした。

不信のレールに統一列車は走らない

賢明な読者なら、こんな分裂と再編の繰り返しの背景に何があったのか、すでにお気づきのはずです。そう、「階級的イデオロギーに沿った運動をするか、イデオロギーに支配されない自由な運動をするか」の対立が横たわっていたのです。戦前の「評議会」は共産党と不即不離の関係にあったし、戦後の2・1ストは共産党が直接、間接的に労働組合に介入して争議を支配し、その結果、マッカーサーGHQ最高司令官の「禁止命令」で挫折しました。労働運動の離合集散の背景に共通して

●**2・1スト**
全官公庁共闘の賃上げ争議に、産別会議が共産党の「民主人民政府樹立」の政治的目標を巧妙にからめてゼネストを組織、「革命前夜か」といった雰囲気に満ちた。

●**労働四団体**
戦後の日本の労働運動は総同盟、産別会議の2大勢力から総評へ結集したが、総評から分かれた総同盟系が同盟を結成、それに新産別、中立労連を加えた四団体をいう。

流れていたのは、マルクス・レーニン主義イデオロギーをめぐっての左派と右派の運動理念の対立だったのです。

そんな日本の労働界でしたが、戦後に何度か労働戦線統一の動きが活発になったことがありました。最初が1959（昭和34）年、国際自由労連のミラード組織部長の提案で、総評、全労、中立労連、新産別の四団体が統一の話し合いのテーブルにつきました。しかし、総評は「組織不可侵協定」が前提だと言い、全労は「反共産主義路線の結集」を主張して真っ向対立、数カ月で決裂しました。

70年代には、八幡製鉄、松下電器、東レなどの大手民間組合委員長による「全民懇」（全国主要民間労組委員長懇談会）や、民間の主要産業労組の委員長6人による「統一世話人会」などが出来て、全国の民間組合に統一の動きを盛り上げるよう呼びかけました。この運動が全国的に盛りあがって、やがて「労働戦線統一民間単産連絡会議」（略称・統一連絡会議）という、総

☆ Column ☆
ホップ・ステップ・ジャンプ

「心合わせから、力合わせへ」―。これは労働戦線統一が進展する過程でも、また民間連合が発足してからも、幹部の口からしばしば聞かれた言葉でした。

労働戦線統一で一番の曲者は、戦前からの労働組合相互の不信感でした。その解消には丁寧な手順と時間で、一つ一つ解消していくしか手はありませんでした。全民労協結成が「ホップ」なら、民間連合は「ステップ」、そしてジャンプが「連合」結成でしょうか。

でも、その最終ジャンプも、民間連合に官公労が合流する、もう一回のジャンプがありました。民間連合の略称は「連合」でも、正式名称には「民間労働組合」の文字が残っていました。

評系単産も含む民間単産が集まる〝話し合いの場〟が作られました。参加組合の数から「22単産会議」と呼ばれ、〝**清田メモ**〟を中心に突っ込んだ議論が行われました。ところが、その間の73春闘で総評が年金ストを実施したことで、政治ストに反対の同盟と対立、この会議も解散してしまったのです。民間単産だけの話し合いのはずなのに、その背後に総評、同盟が控えていて、あれやこれやと指示し、場合によっては対立を画策していました。「不信のレールに統一列車は走らない」という言葉は、その時に自動車総連の塩路会長が口にした一言です。それほど当時は、労働団体間、労働組合間に強い不信感が横たわっていたということです。

●**清田メモ**
労働戦線統一を進める路線の試案として、電機労連の清田晋亮委員長が示した案。社会正義と民主主義に徹した運動、議会制民主主義の徹底、などを掲げていた。

「民間組合の先行結集」で統一実現へ

70年代のこのような努力は無駄ではありませんでした。22単産会議に集まった組合を中心に、団体抜きの「民間労組共同行動会議」が作られ、1976（昭和51）年には「政策推進労組会議」に発展しました。この結成には最初から、総評、同盟などの団体の束縛を逃れて、民間労組が相互に信頼感を醸成し、**民間先行**の労働戦線統一をまず達成しようという意図が込められていました。1978（昭和53）年の定期大会でゼンセン同盟、鉄鋼労連が連携して「80年代初頭、民間先行で労働戦

●**民間先行**
一気に官公労も含めた統一は困難なので、環境と運動路線が近い民間労組がまず統一して、次に労働界全体の統一（全的統一）を目指すという考え。

線統一を実現」という運動方針を決めました。

〝政策推進〟というのは、労働者の生活向上に関連するいろんな問題について国や自治体、政党などと協議して、政策や制度の改善を実現し、個別企業との賃金交渉などと合わせて、労働者生活を総合的に向上させるということです。本来の労働組合活動は、賃金・労働時間などの労働条件の改善ですが、いくら賃金を上げても、インフレ率が高くなれば実質生活の向上は期待できません。賃金から多額の税金を取られても同様です。そもそも、労働者の生活にしっかり目配りした経済政策や雇用を守る制度がなければ、本来の生活向上と安心できる生活はあり得ません。石川啄木の「はたらけどはたらけど猶《なお》わが生活《くらし》楽に

☆ Column ☆
70年代に統一の動きが活発化した背景

IMF・JCの結成大会（1964年4月）

民間の労働組合の台頭で、これまで労働運動の主導権を握っていた官公労が相対的に弱体化しました。日本が開放経済体制へ移行して、民間産業の組織労働者そのものが増えたのです。

この台頭を背景に1964年にIMF･JC（国際金属労連日本協議会）が労働四団体を横断して結成され、1967年には同盟の民間組合員数が総評のそれを上回りました。

全逓の宝樹委員長は、金属産業の労働戦線の統一に刺激を受けて1966年、「宝樹論文」を発表。そこで反共労働戦線の統一を主張、これをきっかけに統一の動きが急速に活発化しました。

ならざり　ぢっと手を見る」（「一握の砂」）の歌のように、労働者階層はいつになっても貧困のまま取残されかねません。

労働組合がこのように活動領域を広げる必要を痛切に感じたのは、１９７３（昭和48）年の第一次石油危機の発生でした。国内物価が暴騰して、翌74年の春闘では32・９％もの大幅賃上げを獲得しましたが、インフレで手元には多く残らなかったのです。75春闘では、民間労組が政府に物価抑制策を強硬に申し入れ、同時に賃上げ要求を自ら抑制した結果、消費者物価は急速に鎮静化しました。この時の日本経済は、世界から優等生だと褒められたほどです。

政策推進労組会議の結成総会
（1976年10月）

政策推進労組会議は政策課題を「経済政策」「雇用」「物価」「税制」の４つに絞り込み、対政府交渉、大衆行動、政党、経済界を含む各界への働きかけの活動を、傘下組合の共同行動で開始しました。会議には鉄鋼、電機、化学、繊維、金属機械、造船、海運、交通、食品、石油、ガス、自動車、電力、商業・流通、電気通信など33単産が参加、加盟組合員数では５００万人を超える大きな勢力となりました。

政策推進労組会議の着実な活動と、その活動を通して蓄積された信頼関係を基盤に、1980（昭和55）年6月に「統一を進める会」が発足しました。メンバーは自動車総連・塩路、ゼンセン同盟・宇佐美、電力労連・橋本、鉄鋼労連・中村、電機労連・竪山、全日通・中川という単産トップ6人で、これは総評、同盟抜きの構成でした。しかしこの顔触れは、総評2、同盟2に**総連合**1、無所属1という構成でもあって、労働団体の直接参加は排除しながら、各団体を巧みにカバーし、また相互のバランスにも配慮した組み合わせでした。ここに、過去の幾多の失敗経験が活かされていることを読み取ることが出来ます。進める会は9月には「統一推進会」と名称を変えて正式にスタート、労働戦統一の動きは具体的に進展し始めました。

階級的イデオロギーとの決別

「統一推進会」は1981（昭和56）年6月末に、新しい統合組織体の性格を明確にした「労働戦線統一の基本構想」を完成させました。この間、13回もの討議を重ねて作り上げた労作でしたが、その取りまとめには二つの難題がありました。

一番目は、総評内部の共産党寄りの一派が作って、統一の動きに対して口汚く中傷し批判していた「**統一労組懇**」系組合の取り扱いでした。総評は統一に当たって

●**総連合**
労働戦線統一の触媒役を果たす目的で1979（昭和54）年、当時の竪山電機労連委員長の呼びかけで、中立労連と新産別によって結成されたゆるやかな連合体。正式名は全国労働組合総連合。

●**統一労組懇**
正式名称は「統一戦線促進労働組合懇談会」。1974年、共産党系労働組合の結集体として発足。階級闘争を基調とし、連合発足と同時に結成された全労連の母体となった。

〝選別排除〟が行われることに反対し、逆に同盟は統一労組懇系など、左派の**なだれ込み**は何としても防がなければ、統一は成功しないと考えていました。

二番目の問題は、**国際自由労連**加盟をはっきり明示するか否かでした。総評はその結成時、「国際自由労連加盟」を決めておきながら、2年目にそれを反故にして〝アヒル〟へ衣替えしてしまいました。国際自由労連に加盟するということは、当時の東西冷戦が進む国際情勢で、日本の労働運動が自由世界に身を置くと世界に宣言することと同じ意味を持っていました。同時に左翼イデオロギーから決別し、**労働組合主義**に則った労働運動を指向することの証ともなるわけです。この明文化にも総評が抵抗し、官公労との統一が完成する全的統一の時で良いではないかと主張しました。

一番目も二番目にも共通するのはやはり、階級的イデオロギーへの対処ということです。折角統一を実現しても、また分裂してしまっては過去の歴史の繰り返し…。それを避けようとすればするほど、同じ問題にぶつかるということは、それだけ過去の経

統一推進会の発足 1980年9月
左から中村・鉄鋼、中川・全日通、塩路・自動車、竪山・電機、宇佐美・ゼンセン同盟、橋本・電力の各単産委員長。

●なだれ込み
労働運動の大原則である「団結」を旗印に、理念や運動方針を本当には認めていないグループや勢力が、表面を繕って参加してくること。

●国際自由労連
東西冷戦を背景に1949年、ソ連側労組との対立で世界労連を脱退した英米労組を中心に西欧民主主義を理念に設立した。総同盟、海員などはその時から正式加盟。

験から学ばなければならなかった、ということです。

でも、統一推進会6人が基本構想の取りまとめで下した決断は、次のような問題の核心を的確に判断した処理でした。

統一労組懇については、「（現在進められている労働戦線統一の取組みに対して）右翼的再編と一方的に決めつけ教条的な誹謗、妨害を計ろうとする団体、組織などにたいしては、毅然と対処していかなければならない」と明確にしました。さらに巻末に「重要確認事項」として、「統一の取組み努力を右翼再編と一方的に決めつけ、教条的な誹謗・妨害を計る団体・組織とは、例えば統一戦線促進労働組合懇談会（統一労組懇）などをいう」と名指ししたのです。

国際自由労連加盟については、「環境・条件と運動理念を同じくする自由圏の労働者との連携を重視しながら、各国の労働者と手をたずさえて、世界の平和と繁栄に貢献する」「国際労働運動の面で環境条件を同じくする国際自由労連との連携強化が必要である」と、これもはっきり書き込まれました。

●労働組合主義
労働条件の維持向上を主要目的に、経営や政党の支配介入から独立・自立していることなどが柱の労組理念。左派のイデオロギー的運動の対極の理念の象徴として言われる。

日本を代表するナショナルセンターの誕生

こうして、労働戦線統一という大事業は1987（昭和62）年11月20日、民間労組の統一体である「民間連合」（全日本民間労働組合連合会）が結成大会を迎えて誕生、〝九合目〟を越えました。加盟は55単産、これにオブザーバー加盟1組合、友好組織6組合で組織人員は555万人。これはその頃の日本の組織労働者全体の45％、民間の組織労働者の6割を占める数字でした。当時の一番大きな労働団体であった総評（411万人）を越え、日本最大の団体の誕生となりました。

全日本民間労働組合会結成大会

「民間連合」の結成で、労働戦線統一は9合目を超えた（1987年11月）。舞台正面は連合のシンボルマークで、「地球上に組む連帯のスクラム」を表現している。

もっとも、「基本綱領」が出来てから一気に「民間連合」結成に進んだのではありません。この間に「**全民労協**」（全日本民間労働組合協議会）が1982（昭和57）年12月に41単産、425万人が参加して結成されると言うワン・クッションがありました。その5年間の活動実績を経て、やっと「民間連合」の結成に至ったのでした。時間が随分かかったといえばその通りです。でも、長い歴史の間に積もり積もった労働組合間の不信感を払拭するには、これだけの期間と慎重な運びが必要だったと理解す

●全民労協
「連合」への移行組織として、1982年に統一推進会がまとめた「基本構想」にもとづいて、41単産425万人で結成された。5年後に「民間連合」となった。

べきでしょう。「民間連合」の発足で、残る官民統一への潮流はもう、だれも妨害しようのない奔流となっていました。

そしていよいよ、最終ジャンプの日が１９８９（平成元）11月21日やって来ました。東京・新宿厚生年金会館で開催された民間連合と官公労組の統一大会によって、新しい「連合」―「日本労働組合総連合会」が発足しました。78組織、７９０万人、組織労働者の65％をカバーする、日本労働運動史上初めての大結集体であり、名実ともに日本を代表する**ナショナルセンター**の誕生でした。

大会のスローガンには「平和　幸せ　道ひらく」というソフトな表現が掲げられ、そして決定した綱領的文書「連合の進路」（巻末の資料編を参照）には、①「自由にして民主的な労働運動」、②「〝**力と政策**〟により完全雇用、労働基本権、労働条件、国民生活向上を実現」、③「自由、平等、公正で平和な社会建

●ナショナルセンター
労働組合の全国的中央組織のことで、官民組織を含む国内主要産業を網羅し、中央と一体化した地方組織を持ち、国際組織に加盟して世界的な連帯活動を行っている。英米独などの先進国は一つのナショナルセンターが一般的。

●力と政策
労働組合の団結を強めて交渉力を強化し、同時に、労働条件を多様な方法で向上していくための政策立案能力を、連合は重要視した。

☆ Column ☆
連合のシンボルカラー・マークと愛称歌

民間「連合」の1987年の結成大会で参加者が目にした新しい連合旗は、なんと「緋色」、つまり深紅色でした。組合旗は「赤旗」という常識を覆した色でした。シンボルカラーはライトブルーの明るい青。そのライトブルーの円の中で３つの輪が繋がっているデザインがシンボル・マークでした。

また、連合の愛称歌「幸福（しあわせ）さがし」の第一節はこんな具合です。

「泣き虫、弱虫、慌てん坊　全員（みんな）気の良い奴ばかり　『働く仲間』の希望はひとつ　十人十色の幸福（しあわせ）さがし」。

何もかも常識を覆した新しい感覚は、新しい運動の到来を、労働者に感じさせるのに十分でした。

設」、④「労働組合の主体性を堅持、外部からのあらゆる支配介入を排除」、⑤「世界平和達成と諸国民の共存共栄に努力」の5原則が明記されました。

向こう2年間の運動方針では「中長期的展望に立った方針を策定して真に豊かな21世紀の社会づくりを目指す」と強調して、豊かさ、ゆとり、公正など「**家庭の幸せ**」を優先した総合生活の改善に取り組むことを掲げました。大会で発表した大会宣言は「これで、ようやく日本の労働運動は、みなさんと共に、家庭の幸せを大切にした『ゆとりある豊かな社会づくり』に、一つの心で取り組むことができるようになりました」と呼びかけました。

一方、連合の路線に反対する統一労組懇系の組合は、連合結成と同じ日に「全労連」（全国労働組合総連合、82万7千人＝厚労省13年労働組合基礎調査）を結成、社会党左派系の労組は少し遅れて「全労協」（全国労働組合連絡協議会、12万4千人＝同）を作りました。外形からだけでは、また3団体に分裂したと見えますが、組織人員やカバーする産業の広がりなどは、連合と比べようもなく劣ります。連合が日本を代表する「唯一のナショナルセンター」であることは、だれも否定し得ませんし、世界の労働運動も認めていることです。

●**家庭の幸せ**
労働運動の目標を連合は、ただ単に生活向上とはせず、「家庭の幸せ」という表現で包括的でソフト、そしてだれにも分かる言葉で示した。従来、組合は「大幅賃上げ」など個別の要求を掲げていたが、連合の表現はこれまでの労働運動になかった新鮮さとして、受け止められた。

☆ Column ☆
「連合」結成に執念を燃やした男

連合の初代事務局長、山田精吾さんは親しい仲間からは「セイゴやん」と呼ばれ、また「ダイナマイト男」「根っからの名オルグ」…など、いろんな異名がありました。がらっぱちに見える風貌や口調とは裏腹に、時代の先を読む鋭い感性はいつも斬新な発想や提案に結び付いていました。

その山田さんが、労働戦線に執念を燃やすきっかけとなったのは、全繊同盟書記長だった1977（昭和52）年秋の臨時国会の「離職者法案」の廃案でした。この法案は、石油危機後の不況で町に溢れた失業者に生活補給金を支給して救済の手を差し伸べるという内容で、そもそも全繊など労働側が働きかけて提案されたのでした。ところが、総評が国鉄法案反対などで2波の政治ストを打ったことが、国会審議を混乱させて廃案となったのでした。

政治ストによって廃案となったことに烈火のごとく怒った山田さんは、翌日が日曜日だったのも構わず執行委員会を招集、「長期不況で生活不安にある民間労働者の苦しみを理解しない者の態度。もはや親方日の丸の官公労に引きずられる総評との四団体共闘は無意味…」と声明を発表しました。

この怒りは、さらに翌1978（昭和53）年9月の全繊と鉄鋼労連の定期大会での「80年代初頭には民間先行による労働戦線統一の実現をはかる」という方針決定に結びつきました。離職者法案廃案が火をつけた山田さんの怒りは、その後の全民労協事務局長でも消えることはなく、最終目標の連合結成を実現させ、初代連合事務局長としてその基礎を固めました。

山田さんは1993年に事務局長を退任後、郷里の宮崎県延岡で不幸にも、1996年2月に交通事故で死去されました。

2005年から連合会長を務めた高木剛さんは、教えられたことは「『目線を低くしろ』『そんな能書きで人の心が動かせるか』。今でも、目の前に山田さんが居られて、ドヤされているかの錯覚に陥ることがある。」と追悼録に記しています。

第1章　年表「連合誕生までの労働戦線統一の足跡」

1964年	4月	●貿易自由化
	5月	●IMF・JC（国際金属労連日本協議会）発足
1967年	1月	●宝樹論文発表……共産党と一線を画した労働戦線の統一を提唱
		●労働戦線統一論議が活発になる……経済成長で民間労働者が急増
1970年	6月	●同盟、民間組合員数で総評を上回る
	1月	●全民懇（全国主要民間労組委員長懇談会）発足……民間労組委員長17人
	11月	●統一世話人会発足……鉄鋼、電機、全繊同盟など6単産委員長
1971年	9月	●〝清田メモ〟発表……社会正義、議会制民主主義などが柱
1972年	1月	●全国民労協（地方民労協全国連絡協議会）結成……「下からの起爆剤」に
	3月	●22単産会議（労働戦線統一民間単産連絡会議）発足……裏で四団体が糸を引く
1973年	7月	●22単産会議が解散……「不信のレールに統一列車は走らない」
		●総評が年金スト
		●第一次石油危機が発生、消費者物価が急騰
	11月	●民間労組共同行動会議結成
1974年		●春闘で32.9％の大幅賃上げ
1975年	11月	●総評・公労協が8日間のスト権スト
1976年	10月	●政策推進労組会議結成……労働戦線統一の受け皿、母体となることをねらう
1978年	9月	●ゼンセン同盟、鉄鋼労連が「80年代初頭に民間先行による統一実現」決定
1979年	3月	●総連合結成……中立労連と新産別のゆるやかな連合。統一の触媒が目的
1980年	6月	●統一推進会（統一を進める会）発足……自動車総連、電機、鉄鋼労連、電力労連、ゼンセン同盟、全日通の6単産委員長

1981年	6月	●統一基本構想がまとまる……統一労組懇に毅然と対処、国際自由労連加盟
	12月	●統一準備会発足
1982年	12月	●全民労協（全国民間労働組合）が結成総会……41単産、425万人
1984年		●全民労協の連合体への移行論議が活発化
1987年	11月	●「民間連合」（全日本民間労働組合連合会）が結成……62組織、555万人
1989年	5月	●統一案起草委員会で、新統一組織の綱領「連合の進路」が完成
1989年	11月	●官民統一大会を開催、「連合」（日本労働組合総連合）が誕生……78組織、790万人
	11月	●統一労組懇系は「全労連」を結成……約87万人

第2章

「連合」は結成25年で何を成し遂げてきたか

「STOP! THE 格差社会」の大スローガンを掲げた第78回メーデー
（2007年4月、代々木公園）

さて、日本の労働組合にとって長い間の〝悲願〟が、ようやく〝現実〟となったのが連合の結成だったことは、前章で書いたとおりです。それから四半世紀が過ぎました。普通の人なら当たり前のことですが、「それで、どんな成果が上がったの？」「働く人の生活状況は上がったのか」などと聞きたくなりますよね。

そこで、この章では連合が結成後、どのように組織を整えて、どのような方針を作って、どんな活動をして来たのか、こんなことを中心に25年の軌跡をたどってみましょう。

参議院で、初の与野党逆転の一翼を担う

連合が官公労と統一して、本当の意味で日本の労働界全体を代表するナショナルセンターとしての「連合」となるのは1989（平成元）年11月ですが、その4カ月前の7月に参議院選挙がありました。厳密には、まだ「民間連合」の時のことですが、連合はこの選挙に確認団体として「**連合の会**」を設立、1人区を中心に12選挙区で統一候補を擁立、統一基本政策として、「清潔、公正で分かりやすい政治の実現―国民の手で政治のやり直しを！」など8項目を掲げて戦いました。労働組合団体の連合らしく、公正、平等、生活の豊かさを前面に出したわけです。

●**連合の会**
1989年7月の参議院選挙で連合候補が立候補するに当たって、公選法に基づく確認団体として設立。統一政策を掲げて連合候補の統一性をアピールした。

参院選の結果は、社会党大躍進、自民党大惨敗となり、戦後の国会で初めて与野党逆転という劇的な結果となりました。そんな中で「連合の会」は、次点になった岡山を除く11人全員が当選という大きな結果を出し、与野党逆転の一翼を担いました。まだ民間だけの連合とはいえ、その誕生が、如何に新鮮で大きな期待を国民から集めていたかを実証しました。

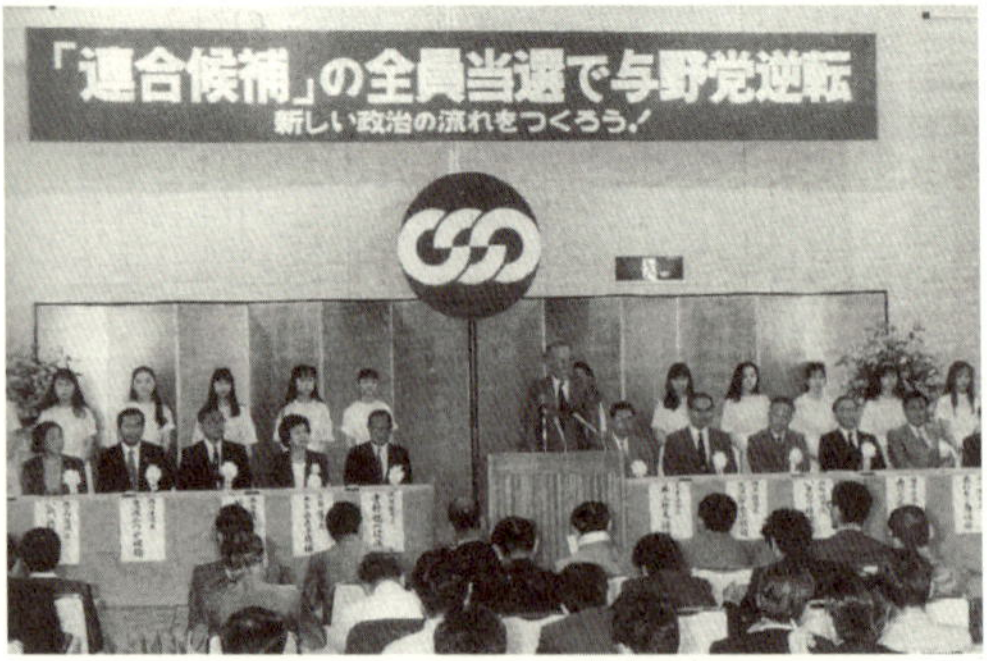

1989年の参院選に、初めての“連合候補”12人が勢ぞろい　（1989年6月15日）

当時の政治状況は、**リクルート疑惑**が問題化して自民党政治への国民の信頼感が薄れ、与野党逆転への期待が高まっていました。連合は4月の中央委員会で「4野党（社会、公明、民社、社民連）との連携を強め、勤労国民の生活向上と安定に取り組んで行く。自民党政治に終止符を打ち、政治を転換させるために、力強く立ち上がろう」と特別決議を可決しました。

選挙後、当選した11議員はどこの政党にも加わらず、無所属の山田耕三郎議員（非改選）を含めた12議員で院内会派「**連合参議院**」を結成、連合と密接に連絡を取りながら新しい流れを作ること

●リクルート疑惑
リクルートの関連会社、リクルートコスモス社の未公開株が、藤波元官房長官をはじめとする政財界の大物、高級官僚に贈与された事件。江副浩正社長ら贈賄側の3人が有罪判決を受け、収賄側の12人も有罪となった。

●連合参議院
1989年参議院選で当選した連合の会の11人、それに無党派の非改選・山田耕三郎議員を加えた12人で院内会派として立ち上げた。

に努力しました。参院選での「連合の会」の勝利は、連合の知名度と社会的地位を一気に高め、４カ月後の官公労との統一に大きな弾みとなったことは言うまでもありません。

難産の「育児休業法」制定に大きな力を発揮

連合初めての女性集会を開催
（1990年５月）

「男女雇用機会均等法」（１９８６年施行）が日本の国民意識を大きく変える契機となったことを疑う人はいないと思います。ところが実際の働く現場、特に子育て中の女性労働者には、法律のたてまえと現実とのギャップに困惑が広がっていました。とりわけ、出産直後の乳児を抱えて働き続けるのは大変です。親の手助けが受けられない働く女性には、適切な保育園が見つからない限り働き続けることは困難で、結局は仕事を辞めるほかありませんでした。

ヨーロッパの先進国では、ＩＬＯが１９６５年

●**男女雇用均等法**　職場における男女の均等な機会・待遇を確保する目的で1985年に、勤労婦人福祉法を改正して制定された。当初は事業主の努力義務が多かったが、97年改正などで現在は、採用・昇進・定年などの差別的取り扱いの禁止、セクシャルハラスメント禁止などが規定されている。

に出した**「家庭責任をもつ婦人の雇用に関する勧告（第123号）」**をきっかけに、イタリアやスウェーデン、フランスなどがいち早く育児休業制度を法制化に着手し、80年代にはほとんどの国で法制化を終えていました。対する日本は、「勤労婦人福祉法」という法律で、「育児休業の実施その他育児に関する便宜の供与」を行うよう事業主の努力義務を定めただけでした。ですから、当時は企業独自の制度に限られて、その普及はわずか1割ちょっとの状況でした。

育児休業法のスタートで都内をアピール
（1992年3月）

　ヨーロッパ諸国に大きく出遅れた状況は、労働組合にとっても大きな課題で、雇用均等法施行の翌1987年、全民労協は労働四団体（総評、同盟、中立労連、新産別）に働き掛けて連名で、社会、公明、民社、社民の4党に「4党共同の育児休業法案を作成し、国会に提出するよう」、具体的な要請をしました。野党4党はこれで腰をあげ、この年8月、育児休業法案を国会に提出しました。しかし、参議院社会労働委員会で審議はされるものの、会期終了で法案は継続審査、そして廃案。

●ILO勧告123号
勧告123号は加盟国に、出産休暇後も育児等のために職場復帰が困難な女子労働者のため、休暇期間延長などの措置を要請した。その後1981年に「家庭責任を有する労働者の機会均等及び平等待遇に関する条約」（第156号）と同名の勧告（第165号）が採択された。勧告165号は22条で、出産休暇後の期間内に両親のいずれかの者が、雇用を放棄することなく「休暇（親休暇）をとる可能性を有すべきである」と規定した。

こんなことを三度も繰り返して、〝たな晒し〟状況になっていました。そんな時に、参議院で「与野党逆転」が現実になり、しかも女性議員が一気に22人も誕生したのです。育児休業法案には強力な追い風が吹き始めました。

さらに連合は90年春闘で、育児休業法の早期制定を重要闘争に掲げ、各構成組合はその要求を提出、電機労連（現在の電機連合）の大手企業で労働協約によって制度を設け、17万人の女子労働者の9割が適用対象となるほどの成果をあげました。その他の産業でも制度創設が春闘交渉で進みました。一方、連合は1000万署名、地方議会での決議の働きかけや街頭活動も活発に展開しました。労働大臣には91年から92年までに約1700件もの意見書が届いたほどでした。

このような動きに、それまで消極的だった自民党も11月になると、党内に「育児休業問題等検討小委員会」を設け、立法の検討の腰をあげざるを得なくなりました。最後まで残ったのは、休業中の経済的援助をどのように行うかという課題でした。**ノーワーク・ノーペイの原則**などを重視して、「無給が原則」だと主張して経営側は負担を渋りました。実効ある休業制度には何らかの経済的負担の軽減が不可欠ですが、その財源をどこに求めるかの答えが出なかったのです。

しかし、政治情勢の変化や連合の運動が圧力となって、国会では与野党がまず制定化を急ぐことで一致、労働省は法案策定を急ぎ、1991年3月には法案を提出

●**ノーワーク・ノーペイの原則**
No Work No Pay、労働なければ収入なしの意味。正社員の月給制はこの原則ではないがパート、アルバイトなどの時給、日給は、働いた時間通りの賃金となる。休めば、その分は差し引かれる。

しました。そして、4月26日に参議院を通過、5月8日には衆議院で可決・成立して、制度は1992年4月から施行されました。

休業中の経済的援助については、その時は残念ながら制度には盛り込まれませんでした。しかし1994年の改正で雇用保険から賃金の25％が給付されるようになり、その後の何回かの改正で、今ではその給付は67％に高められ、出産した女性労働者の9割近くが取得しています。政治情勢と連合の運動が上手くタッグマッチを組んで成功した、最初の例となりました。

政党との関係、はじめは「加盟組織の判断」に委ねる

この成功は、政策的なアプローチで労働者の生活を向上させることを最大の課題として誕生した連合にとっては、大きな勇気づけとなりました。しかし、連合参議院で見切り発車的に参議院選に参入して、首尾よく勝利したとはいえ、親元である連合そのものに、政党との関係をどのように形成していくかという「政治方針」はありませんでした。そこで、その策定が急務となりました。

なぜなかったのか？　正確には、なかったというよりも、敢えて議論を避けてきたのです。というのは、労働戦線の統一は日本の労働運動が始まって以来の課題

●労働総同盟
1912（大正元）年、鈴木文治が設立した友愛会が発展して、1919年に本格的な労働組合の労働総同盟となった。戦前の労働運動を主導したが、1940年産業報国運動に抵抗して自ら解体。戦後いち早く復活、全労、同盟を経て、その運動理念は連合に引き継がれた。

でしたが、労働組合と政党との関係で分裂を繰り返して来た歴史的な現実は無視できませんでした。1912（大正元）年に誕生した友愛会が**労働総同盟**に発展して間もなく、総同盟は**評議会**とに分裂しますが、評議会はロシア革命思想の影響を受け、共産党との関係を密接に保ちたい人たちの集まりでした。戦後復活した労働運動は、連合結成までの長い間、いわゆる**四団体時代**が続きましたが、総評は社会党、同盟は民社党と密接な関係を保ちつづけ、政党との関係については、労働団体ごとにバラバラでした。総評は「表看板は総評だが、裏看板は社会党」と揶揄されたほど、総評と社会党との関係は密接でした。その一方で、同時に共産党との関係も保っていました。

つまり、労働団体が統一されていない上に、政党との関係もバラバラなので、労働者の生活向上に関して何かの運動や、政治への働きかけをしようにも、その対応が一本にまとまることは例外的にしかなかったのです。これでは、労働者の生活に関連する政策を政治を通して実現する力にはなりません。日本の労働運動にとっての大きな障害であり、弱点でした。結成された連合にまとまった組合は、共産党との関係をすでに整理した組合ですから、その面では問題はなくなりました。

とは言っても、各組合には長い運動で培われてきた政党との協力や支持の関係があり、連合の政治方針づくりには、それを解きほぐす必要がありました。このため、

●**評議会**
日本労働組合評議会。1925年の総同盟第1次分裂で除名されて結成。共産党の影響を受け、労働組合を革命運動の学校として利用する考えから、過激な闘争に走った。1928年、結社禁止、解散。戦後は産別会議として復活した。

●**四団体時代**
1950年に結成された総評を中心に、同盟、新産別、中立労連の四団体が、相互に対立しながらも、ときには協調、戦後の労働運動を動かした。連合結成でいずれも解散。

結成の当初は過渡的な対応として、「構成組織と政党との関係は、構成組織の判断に委ねる」ことにしていました。やっと成し遂げた労働戦線統一、だから加盟労組の間の団結にヒビが入らないようにと慎重に配慮したのです。

タブーにも踏み込んで、本音の議論

連合は1991年ころから、慎重に国の基本政策や連合が求める新しい政治勢力の具体像をまとめあげる議論を始めました。三役会議での討議では、考え方の食い違いが目立った、特に自衛隊や日米安全保障条約をめぐっても、率直に意見が交わされるようになりました。従来の労働組合の間ではこのようなテーマはほとんどタブー視され、本音での議論は皆無でした。タブーに踏み込んだ議論で、自衛隊違憲論、日米安保反対の方針を持つ組合の委員長からも「自衛隊は違憲だが、現実にある存在を無視するわけにはいかない」など、現実直視の柔軟な態度も表明されるようになりました。

このような本音議論の末、1990年11月には「新しい政治勢力の形成」に関して、①自民党に代わる政権を担いうる新しい政治勢力の結集、②究極的には二大政党的体制を目指す。当面、共産党を除く、連合と政策・方針の一致する政治勢力の最大結集、③防衛、外交などを中心とする基本政策の合意形成が重要—、との方針を確認し、さらに討論を進めることにしました。

1992(平成4)年6月の中央委員会で、自衛隊・自衛権を認め、PKOに自衛隊と別組織扱いで協力する、という内容の特別報告「国の基本政策に関する連合の態度」が承認されました。自衛隊と憲法との関係については、加盟組合の間には意見の相違があって、あまり踏み込まない方が良いとの慎重論が多くあった中でのまとめでした。

細川政権の誕生で、「連合の政治方針」決める

1993(平成5)年7月の総選挙で自民党が過半数割れとなり細川政権が誕生しました。連合は、細川政権に対して「その定着・発展を期待し、新政権に対し政策を中心に協力関係を進めていく」と、支持を表明しました。細川政権には連合の旧総評系、旧同盟系がそれぞれ支持する社会党、民社党と、民主改革連合(連合の会が前身)が加わっているので、支持は自然の流れでした。この結果、連合は結成4年も経ないで、政権参画を事実上、実現させたことになりました。

連合はこの政治状況に、同年10月の第3回定期大会で急きょ「**連合の政治方針**」

●**1993年選挙**
自民党が過半数割れとなり、共産党を除く〝非自民〟が243議席を獲得、多数を占めた。この結果、社会、新生、公明、日本新党、民社、新党さきがけ、社民連、民改連の7党1会派による連立で、細川日本新党代表が首相に就任した。いわゆる「55年体制」の崩壊。

を決めました。しかし、政党との協力関係については結局、「（旧総評、同盟のような）固定的な関係を見直し、勤労国民の立場に立ち、連合と『目的と政策・要求の一致』する政党および政治家との政策重視による協力・協調関係とする」と、あいまいな表現にとどめざるを得ませんでした。

連合・日経連が共同で細川首相に減税を要請（1993年11月）

しかし、細川政権は発足1年もしない翌年4月に突然退陣し、それに続いた羽田政権も2カ月の短命に終わり、その後は自民、社会、新党さきがけの3党連立の村山政権と、政局は変転を続けました。

連合はその後、いわゆる〝また裂き状態〟に苦しみます。羽田政権では社会党が離脱し、村山政権では社会党が与党なのに、民社党は野党という、ややこしい立場でした。これでは連合は支持政党を一本化することは出来ず、政党との関係も引きつづいてあいまいなままとせざるを得ませんでした。

●連合の政治方針
連合が統一して、特に選挙で政党に対応するために、1993年に初めて策定。この時点では、政党支持はあいまいの表現だった。1999年の改定で「民主党基軸」と支持関係を明確にした。

初めて〝民主党基軸〟を打ち出す

そんな状況に転機がやってきたのが、1996（平成8）年の民主党の結成でした。社会党から改称した社民党はその直前の選挙で議席を半減させ、一気に求心力を失いました。旧総評系の労働組合の多くは、雪崩を打って社民党から民主党へ支持を変えました。1998（平成10）年には民社党系も合流して、新「民主党」が発足しました。

このような政治状況の変化を受けて連合は、1999（平成11）年の第6回定期大会で、「連合の政治方針」を全面的に改訂しました。新方針では、「政権交代のある政治の実現」「二大政党的体制の確立」「連合と『目的と政策・要求の一致』する政治勢力の最大限の結集」を基本に掲げて、政党との関係では、次のように明記しました。

①労働組合と政党とは、性格と機能を異にし、相互に独立・不介入の関係にある。

②連合は政策・制度要求の実現のために、政党および政治家への働きかけを行う。

③①の原則のもとに、「ゆとり・豊かさ・社会的公正」の実現に望ましい政党および政治家を支援し、選挙協力を進める。

④　連合および加盟組織は、「連合の進路」、「日本の進路」、「政治方針」、「政策・制度要求と提言」など、連合の政治理念や政策の基調を共有し、その実現に向けて協働出来る政党および政治家と協力関係をもつ。その場合の関係は、固定的な支持関係ではなく、政治理念・政策重視による協力・協調関係とする。

この方針で重要なのは、確認事項として一部組合の社民党支持を容認しながら、「民主党を基軸とした、勤労者・市民を基盤とする幅広い政治勢力の結集を目指す」と明記したことです。従来のあいまいな政党との関係を、〝民主党基軸〟とはっきりと打ち出したことでした。同時に政治センターも発足させ、選挙なども含めて連合の政治活動を統一的に進める窓口を作りました。

ついに政権交代、民主党政権が誕生

政治方針はその後、第8回大会（2003年）で字句修正を中心に改定を行い、政党との関係について「大会で決定する運動方針の中で位置付ける」と、実質的には一段と踏み込みました。さらに2009年7月、連合と民主党は第45回衆議院選挙に向けた政策協定を締結、民主党は連合の政策要求である「政策・制度要求と提言」を支持し、連合の「180万人雇用創出プラン」の実現、**セーフティー・ネット**の整備・拡充などを約束しました。

この衆院選で民主党は大勝し、民主党の鳩山由紀夫政権が誕生して政権交代が実現しました。連合にとっては発足以来、期待し続けてきた政権の実現でした。

連合と民主党が衆院選に向けた政策協定を締結
(2009年7月)

連合と民主党政権との協議は頻繁に行われるようになり、不安定雇用として問題視されていた労働者派遣法を改正して、日雇派遣の原則禁止、派遣業者が受け取るマージン率公表など、労働者保護を強化する施策や、最低賃金の引き上げ、子供手当の新設などが実現しました。

しかし、鳩山首相から菅首相、野田首相へと代わった民主党政権は、連合にとっても国民の目から見ても未熟なことが多く、まったくの期待外れの声が高まりました。民主党は政権運営の拙劣さや内部対立による相次ぐ迷走から、わずか3年3カ月で2012年の総選挙では大惨敗を喫し、再び自民党に政権を明け渡してし

●セーフティー・ネット
社会保障、年金、医療保険、生活保護など、社会のあらゆるリスクに対応して、安全や安心を提供する仕組み。雇用では、雇用保険がその典型。

●労働者派遣法
1985年、13業務のみを対象に成立。1999年の改正で製造業の派遣も解禁され、その後の派遣期間3年への延長もあって、派遣労働者が大幅に増大、社会問題化しました。

まいました。

連合はその後の2013年大会で、政治方針を再び改定、連合が求める社会像としてまとめた「働くことを軸とする安心社会」の構築を中心にして、「目的と政策を共有する政党および政治家との協力関係を重視し、積極的に政治活動を推進する」としましたが、政党支持の「民主党基軸」は変えていません。

地域活動と情報網の拠点となる地方組織

ここで視点を変えて、発足以来の組織体制の整備について見てみましょう。労働組合のナショナルセンターとしては、その手足ともいえる地方の組織は何よりも大切で、活動の質と量を左右すると言えます。連合では県単位の組織は「地方連合会」ですが、89年末には30都道府県で発足、90年5月の長崎を最後に都道府県すべてで結成が終わるという、早いスピードで進みました。

さらに、地方連合会の下には地域組織として地域協議会（地協）が置かれますが、90年10月までに11の地方連合会で結成を終え、その後急速に結成されていきました。その数は、99年9月時点で全国474地協を数えるほどになりました。

連合の組織はこのように、地方連合会を大動脈とすれば、地協は毛細血管。この

２兆円特別減税打ち切り反対と医療費負担の凍結を求める「怒りの集会」に近畿ブロックや山形、石川連合などの地方連合会代表が終結（1993年11月）

ほかに加盟の産業別組合との太い動脈がありますから、全国くまなく張りめぐらされた血管や神経が情報網となって、労働現場で起きているあらゆる問題点が、情報として本部に上げられます。同時に、これらの組織がそれぞれの地方で困っている働く人たちの相談に乗るという活動を繰り広げているわけです。

ちなみに、地協の最も多い埼玉県の場合、２００９年９月時点では、さいたま市、川口、戸田・蕨、県央、川越・西入間、西部第一、比企、西部第四、朝霞四市、熊谷・深谷・寄居、本庄・児玉郡市、秩父、東部、西部、北部、南部の16地協も置かれています。

産業別組織の統合が急ピッチで進む

加盟組織の統合も進みました。最も大胆に統合を進めた組織はゼンセン同盟で、

2002（平成14）年にCSG連合（日本化学・サービス・一般労働組合）と組織統合を行いUIゼンセン同盟（76万5000人）となりました。さらに2012（平成24）年にはサービス・流通連合（日本サービス・流通労働組合連合）と統合して、UAゼンセン（全国繊維化学食品流通サービス一般労働組合同盟）となりました。その加盟組織は2450組合、145万3456人（2013年9月現在）と、連合の加盟組織ではもちろん、日本での最大の労働組合となっています。

UAゼンセンは繊維や化学の製造産業、百貨店、スーパー、その他専門店などの流通、それにフード産業、レストラン・居酒屋チェーン、ホテル・レジャー産業、医療・病院など、非常に幅広い産業をカバーしています。組合員の半分がパートなどいわゆる短時間社員で、女性が6割、しかも300人以下の中小労組が8割を占めており、〝正社員組合〟と批判される日本の労働組合の最も弱い部分の組織化にいちばん力を入れている組合です。多様な産業の多様な雇用形態の労働者を組織している姿は、まさに〝複合産別〟、〝総合産別〟などと呼ばれる所以です。

このほか、食品産業、化学産業や金属産業などでも、2回または、それ以上の組織統合を経て大産業別組織に発展し、かつての春闘のリード役で勇名をはせた鉄鋼労連は、造船、非鉄金属と統合して基幹労連となっています。

別表「連合結成後の主な組織統合」で、主要な統合の経過を示しましたが、連合

連合結成後の主な組織統合

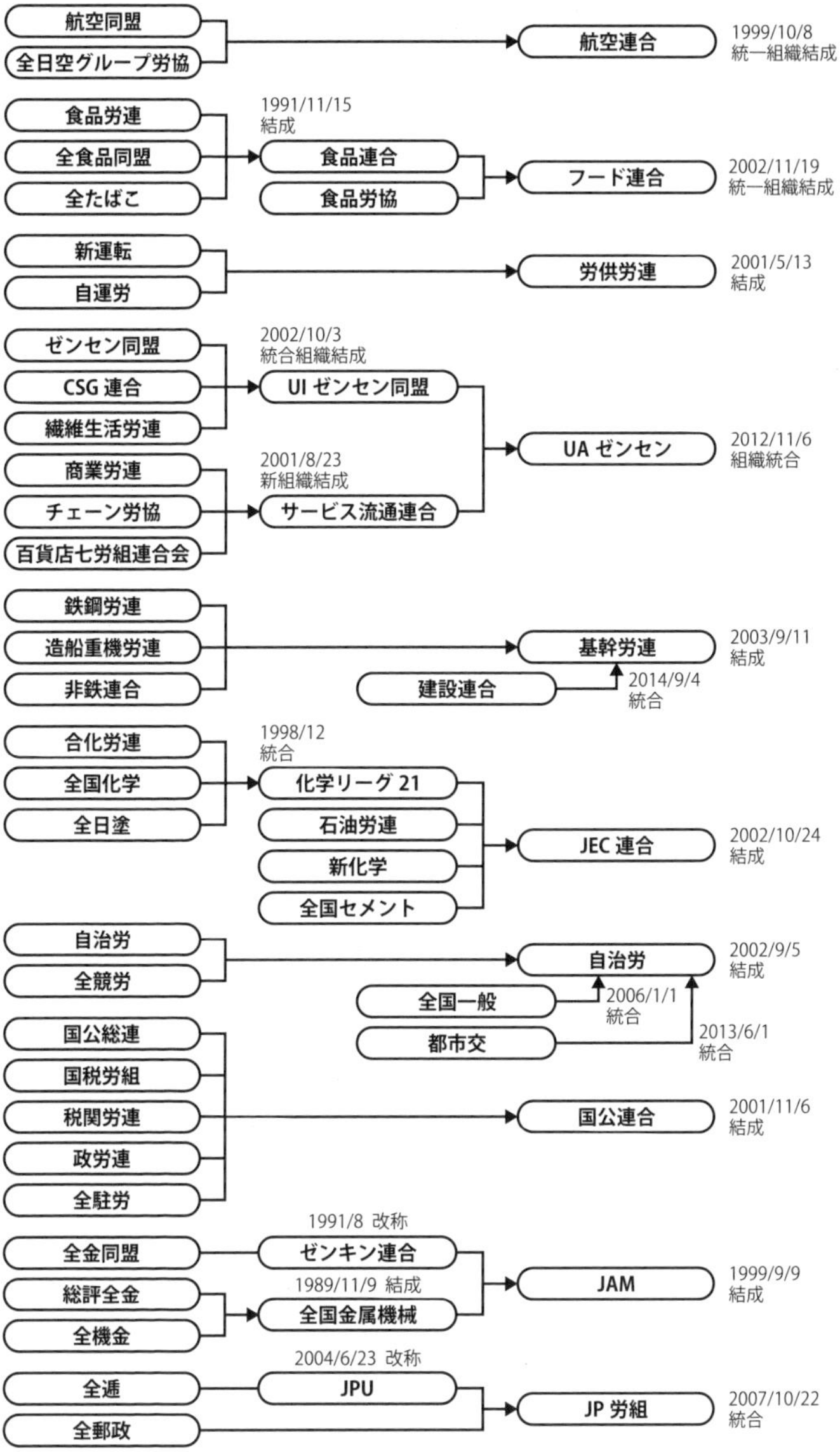
航空同盟
全日空グループ労協
航空連合
1999/10/8
統一組織結成
食品労連
全食品同盟
全たばこ
1991/11/15
結成
食品連合
食品労協
フード連合
2002/11/19
統一組織結成
新運転
自運労
労供労連
2001/5/13
結成
ゼンセン同盟
CSG連合
繊維生活労連
2002/10/3
統合組織結成
UIゼンセン同盟
商業労連
チェーン労協
百貨店七労組連合会
2001/8/23
新組織結成
サービス流通連合
UAゼンセン
2012/11/6
組織統合
鉄鋼労連
造船重機労連
非鉄連合
基幹労連
2003/9/11
結成
建設連合
2014/9/4
統合
合化労連
全国化学
全日塗
1998/12
統合
化学リーグ21
石油労連
新化学
全国セメント
JEC連合
2002/10/24
結成
自治労
全競労
自治労
2002/9/5
結成
全国一般
2006/1/1
統合
都市交
2013/6/1
統合
国公総連
国税労組
税関労連
政労連
全駐労
国公連合
2001/11/6
結成
全金同盟
1991/8 改称
ゼンキン連合
総評全金
全機金
1989/11/9 結成
全国金属機械
JAM
1999/9/9
結成
全逓
2004/6/23 改称
JPU
全郵政
JP労組
2007/10/22
統合

結成時の加盟組合数78組織は、現在は49組織（2013年4月現在、ほかに2友好組織）となっています。これまでナショナルセンターが異なることなどから別々だった組織が統合すれば、統合組織の加盟人員は当然増えます。それだけでなく、その産業で働く労働者が一つにまとまることで、団結力が強化され、経営側に対する発言力が増すということは重要な点です。さらに、産業別組合としてその産業の将来を展望し、雇用を守り拡大するための、労働組合としての産業政策を研究し、まとめあげる能力が高まるということがあります。

ドイツのDGB（独労働総同盟）は615万人の組織ですがIGメタル、統一サービス産業労組（ver.di）、鉱山・化学・エネルギー労組、建設・農業労組、警察労組、教育労組などの、わずか8産業別組織に統合されています。その他の先進諸国の例を見ても、アメリカのAFL・CIO（米労働総同盟・産業別組合会議）は1250万人で56産別、イギリスのTUC（英労働組合会議）は620万人で54産別（いずれもJILAFデータベースによる）などとなっています。連合の場合、もう少し統合の余地があるとみられていますが、この25年間の統合努力で日本の産業別労働組合の姿はようやく国際的な水準に達したということが言えます。

「働くことを軸とする安心社会」

　連合は発足以来、求める社会の姿を連合の政策として何回もまとめ、公表してきました。それを運動や主張の根幹として、政府や政党に求める政策を毎年春、それぞれの年度ごとに「政策・制度要求と提言」として決定し、政府交渉や各省交渉で提出、それらの実現のための運動を展開してきました。その足跡をたどると、１９９３年の「日本の進路」を皮切りに、「労働を中心とした福祉社会」（１９９２年）、「21世紀ビジョン」（２００１年）などと、その時々の社会情勢・社会変化と課題をとらえながら、連合の運動と活動の指針を組織内外に示してきました。２０１０（平成22）年12月の中央委員会で決定した「働くことを軸とする安心社会」はその集大成として、連合が目指す社会像を提起しています。

増税反対決起集会の後、「減税NO」を掲げてデモ行進（2005年10月）

　連合が主張する「働くことを軸とする安心社

会」とは、まず、働くことに最も重要な価値が置かれ、だれもが公正な労働条件で、しかも個人個人が望むような働き方が出来る社会です。働く人たちはそうした労働を通じて社会に参加し、当然のこととして社会的にも経済的にも自立する社会です。連合は、こうした社会を概ね2020年までに実現することを念頭に置いています。

その実現に向けた政策パッケージとして、**5つの「橋」**（左ページの図参照）で具体化し、第1の橋「教育と働くことをつなぐ」では、すべての子どもに学ぶ機会を保障して、働く場へのスムーズな移行を支援することにしています。第2の橋「家族と働くことをつなぐ」では、子育てや介護を社会全体で支え、男性の家事参加も含めた男女平等参画社会の構築をあげています。また、第3の橋「働くかたちを変える」では、ライフステージに応じた働き方を選択できる労働社会を描いています。もちろん、失業した場合のセーフティー・ネット、就労支援、さらに高齢になっても、就労だけではなく社会的貢献や文化活動も含めた生涯現役社会を目指しています。

しかし、現実の日本の社会は、企業の人件費抑制で非正規労働者の比率は36・8％、1900万人を超え（2014年）、年収200万円以下のワーキング・プア（働く貧困層）は1100万人、生活保護を受けている人が200万人以上という状況

連合がめざすのは、“働くことを軸とする安心社会”

●教育と働くことをつなぐ橋
「貧困の連鎖」を断ち切り、学ぶ場から働く場へ円滑に移行できる制度を確立する。

●家族と働くことをつなぐ橋
子育てや介護を社会全体で支え、男女平等参画会社を構築する。

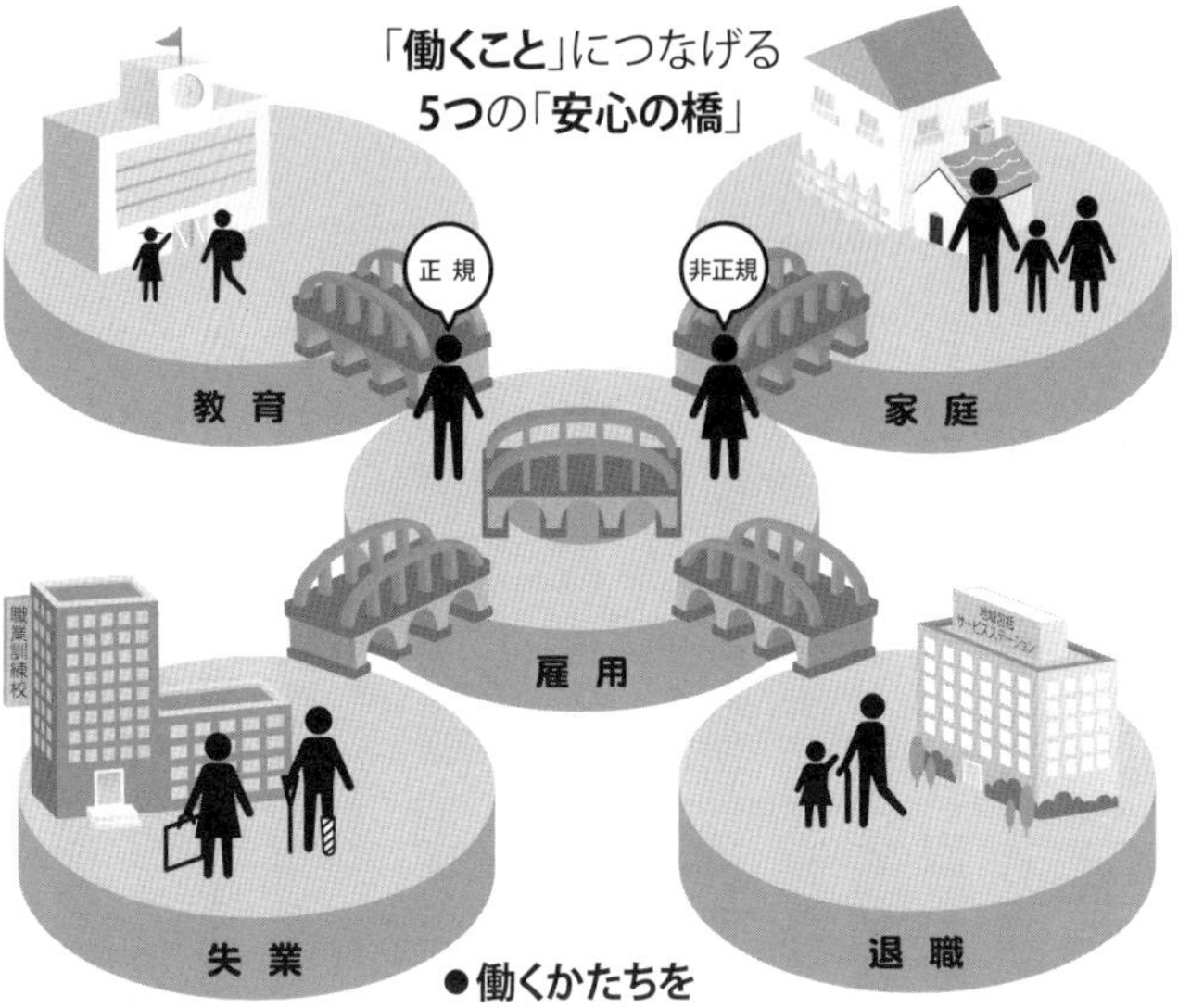

●働くかたちを変える橋
ライフステージに応じた、柔軟でディーセントな働き方を整備する。

●失業から就業へつなぐ橋
職業紹介、職業訓練、所得保障の一体的支援で、スムーズな復職をサポートする。

●生涯現役社会をつくる橋
高年齢者の知識や経験を社会に生かし、老後の安心を保障する制度を構築する。

「働くことを軸とする安心社会」を支える基盤
地方分権を進め、公平な負担にもとづく持続可能な社会の基盤をつくる。

です。正規雇用の正社員でも、処遇格差が拡大して、あらゆるところに二極化現象が明らかになっています。こんな格差社会の現状は、連合が求める「働くことを軸とする安心社会」の対極といっていいでしょう。

連合は2011（平成23）年6月には、「働くことを軸とする安心社会」実現に向けての基盤として、「新21世紀社会保障ビジョン」「第3次税制改革基本大綱」をまとめて提示し、具体的運動の柱としています。このうち「社会保障ビジョン」では、①社会保障政策と雇用政策を連携、社会を支える中間層の再生と経済社会の「好循環」を取り戻す、②人生の後半期に偏った社会保障制度から、子どもや若者のニーズにも対応した姿に変える、③安定財源確保のための税制改革を行う―、と主張しています。また、「税制改革基本大綱」では、消費税に偏重しない税体系、給付つき税額控除など税の所得配分機能を高める、消費税は社会保障制度の維持・改善に充当する、などを提起しています。

また、労働条件に関しては、「連合賃金政策」（1993年）、「年間総労働時間1800時間に向けた実行計画」（1997年）、「21世紀の新しいワークルールの構築に向けて」（1999年）などが作られました。

「安定男性社員の利益のみ代弁」── 評価委員会の厳しい警鐘

しかし、結成時の新鮮さが薄れてくるとともに、連合について「運動が見えない」「統一の成果が上がっているのか」などの批判の声が、次第に高まって来ました。政策的対応を中心にして働く人の生活向上を実現していくという連合の最大の役割について、一般の人たちの理解と支持が十分に高まらず、労働組合に対する従来イメージとの間に、ずれが出てきたことが、その要因としても否めません。

連合評価委員会
（2002年3月）

そこで連合は2002（平成14）年3月に外部の識者を招いて「**連合評価委員会**」を設置しました。委員は庶民感覚で知られた弁護士・中坊公平氏を座長に、これまで労働組合との関わりがほとんどなかった人ばかりの7氏。外から見える連合の姿を率直に指摘してもらい、連合のこれからの運動の参考にしようという狙いでした。評価委員会は新潟、大阪、東京でタウンミーティングを開くなど積極的に

●連合評価委員会の委員
座長の中坊氏のほかに、イーデス・ハンソン（アムネスティー・インターナショナル日本法人特別顧問）、早房長治（地球市民ジャーナリスト工房代表）、吉永みち子（文筆業）、神野直彦（東大大学院経済研究科・経済学部教授）、大沢真理（東大社会科学研究所教授）、寺島実郎（日本総研理事長）。

活動して、2003（平成15）年9月に連合運動全般にわたる提言を含んだ最終報告をまとめました。

最終報告は、連合が考えていた内容をはるかに超える厳しいものでした。

報告はまず、これまで組合が組織してきた正社員が減ってパート、派遣、アルバイトなどの非正社員が増えている「社会変化に十分対応できていない」と指摘し、これまで所得分配で「にらみ」をきかせていた労働組合は、時代の先頭を走る存在ではなく「時代のしんがりにかろうじてついているようなイメージへと反転してしまっている」と述べました。さらに、連合の運動も活動も国民には見えていないのではないかと疑問を投げかけ、「もちろん、見える運動もある。しかし、見えてくる運動では、労働組合が雇用の安定している労働者や大企業で働く男性正社員の利益のみを代弁しているようにも思えるし、労使協調路線の中にどっぷりと浸かっていて緊張感が足りないとも感じられる」と、厳しく警鐘を打ち鳴らしました。（巻末の資料編に、報告の要約を掲載しましたので、お読み下さい。）

ショックを受け、大会スローガンに決意を示す

評価委員会のストレートな指摘は、連合にとって大きなショックでした。連合は、

２００３年10月の第８回定期大会で、反省をこめてスローガンを「組合が変わる、社会を変える―安心・公平な社会を求めて」に変えました。第7回大会(２００1年)の「力と行動―希望への挑戦」は、連合結成時のスローガン「力と政策」を、ほぼそのまま踏襲したものですが、２００３年大会の新スローガンは、連合自らに課せられた役割と、労働者からの期待を真正面から受け止めた連合の決意を表明する内容となりました。社会を変えることが連合の役割であり、そのために連合自身がまず大きく変わらなければならないと、その決意を社会に向けて表明し、同時に構成組織と組合員にも呼びかけました。

「組合が変わる、社会を変える―安心・公正な社会を求めて」に変った第８回定期大会
（2003 年 10 月）

大会の方針は提言内容を反映させて、①総がかり体制による徹底した組織拡大、②パートなど非典型労働者問題への対応強化、③地域の労働運動の強化と中小労働運動の強化、④雇用と社会保障などの政策制度の実現力の強化、⑤労働条件の底上げと公正なワークルールの実現の５項目の重点課題

非正規労働センターの開設
（2007年10月）

を決め、それに集中的に取り組むことを決めました。

スローガンは次の２００５年大会には「組合が変わる、社会を変える―つくろう格差のない社会、職場・地域から―」と、より具体的に踏み込んだものとなりました。

格差社会是正で大キャンペーン、「パート法」の改正に

スローガンの変化は具体的に、２００６（平成18）年から「ＳＴＯＰ！ＴＨＥ格差社会」キャンペーンという形で、実際の運動にも具体化されました。新潟、夕張、宇都宮、広島、鹿児島など全国９ブロックで格差是正をテーマに連合会長と市民との対話集会が開催され、春闘時の中央総決起集会だけではなく政策制度要求実現決起集会、格差是正フォーラムなどでは、格差是正が最重要テーマとして位置づけら

れました。また、全国の20代から60代の3000人を対象にした「格差に関する意識調査」も実施されました。

こうしたキャンペーンで問題の社会的関心を呼び起こしながら、連合は2005年に「今こそ、パートの均等待遇法制化を！」と銘打ったフォーラム、2006年には2月にパート労働者の集い、4月のメーデー集会後にパート・派遣労働者の集い「つくろう！格差のない社会」、6月に「つくろう！男女雇用平等法、パートの均等待遇法制化を！」と題した要求実現集会、11月に「いまこそ、パートの均等待遇法制化を！」要求実現集会と、連続して集会を開催しました。

労働者保護の視点での「労働者派遣法」改正を求める緊急集会　（2007年12月、厚生労働省前）

一方、派遣労働者などの非正規労働者の増加と雇用や格差問題の増加に対応して、連合は2007年に「非正規労働センター」を開設、2005年以降、期間を決めて開設していた労働相談ダイヤルを「なんでも労働相談ダイヤル」と改め、非正規労働者のあらゆる労働相談に対

●**パート労働法改正**
職務内容が正社員と同一で、人材活用の仕組みも同一という場合には、パート労働者と正社員との差別が禁止された。2014年の改正では、有期雇用契約の短時間労働者にも差別禁止が適用されるようになった。

応する一方で、組織化への体制を整備しました。また、当時のＵＩゼンセン同盟は、その前の２００６年５月に、人材派遣業界の労働者を結集した「ＵＩゼンセン同盟人材派遣サービスゼネラルユニオン」を結成、そうした弱い立場の労働者の組織化にも乗り出しました。

連合のこうした運動は、２００７（平成19）年の**パート労働法改正**（２００８年４月施行）、２０１２（平成24）年の**労働契約法改正**という形で実りました。この改正では、同じ仕事をしている正社員との差別が禁止され、無期契約期間５年で正社員への転換が義務づけられました。評価委員会による衝撃に始まった連合の一連のキャンペーンと活動は、このような法律改正という形で、パートなど不安定で差別待遇に甘んじていた労働者へかすかな光を届け始めました。

組織率低下、労働条件の低下など、なお課題は多い

しかし、結成25年の歴史を刻んだ今日、連合にはまだまだ大きな課題が未解決のまま残されています。低下を続けた賃金は、２０１４年春闘で15年ぶりに「ベア」を復活させましたが、実質賃金の低下に歯止めはかかってはいません。**年間実総労働時間１８００時間を目指す労働時間短縮の実行計画**は停滞したままです。労働

●**労働契約法改正**　有期契約が更新されて5年を超えた時は無期雇用契約に転換できる、社会通念に合致しない雇止めは認められないとする最高裁判例などが採り入れられた。

●**年間総労働時間1800時間達成に向けた実行計画**　「ゆとり・豊かさ・社会的公正」を実感できる社会を目指して、1997年の17回中執委で確認。所定労働時間のほか、所定外労働の削減、有給休暇取得促進など、連合の示す目標と同時に、各組合の努力を促している。

雇用者数、労働組合員数と推定組織率の推移（厚生労働省調査）

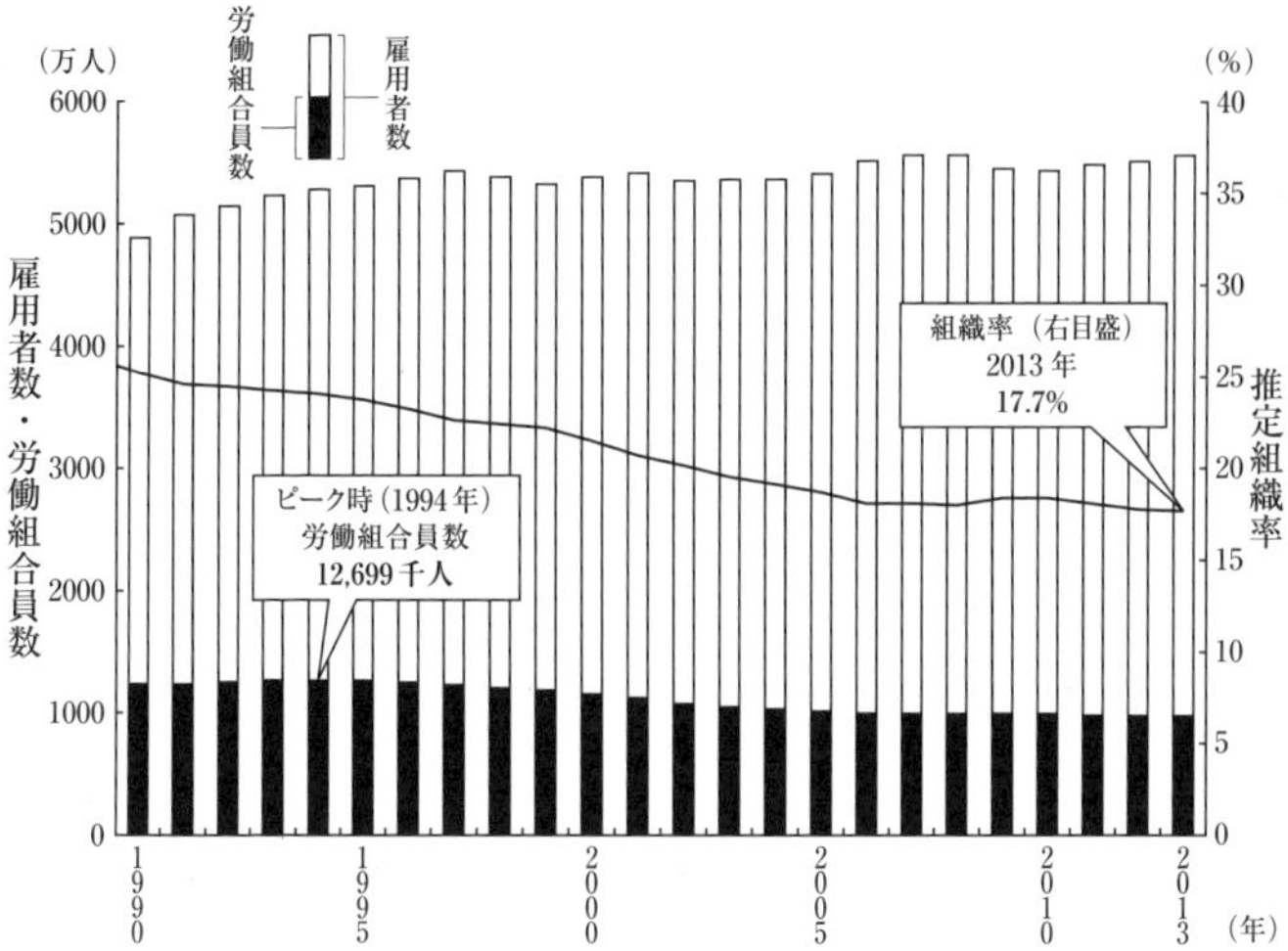

組合のパワーの源泉であり、団結力の指標である組織率の低下傾向にも歯止めがかかっていません。４次にわたる「組合づくりアクションプラン」に続いて、２０１２年には「**１０００万連合実現プラン**」が策定されました。これからの半世紀に向けて連合に課せられた課題は、大変重いものがあります。

●**１０００万連合実現プラン**
２００1年以降、４次にわたって策定された「組合づくりアクションプラン」にもかかわらず、組織減少に歯止めがかからないことを踏まえて、２０１３年の第13回大会で策定。これまでは組織拡大の主体を構成組織としていたが、連合本部も主体的に取り組むことを打ちだした。

第2章　年表「連合結成から今日までの25年間の足取り」

1989年	11月	●民間連合と官公労組との統一大会が開催され「連合」が誕生
	12月	●相次いで地方連合会結成
1990年	10月	●第４回中央委員会で「育児休業法実現を目指す特別決議」を採択
1991年	2月	●育児休業法制定を求める緊急中央集会を開く
	5月	●「自民党にかわる政権を担いうる新政治勢力結集」など、政治方針を中間集約
	8月	●連合組織内議員懇談会が発足
1992年	6月	●第９回中央委で自衛権・自衛隊を認める方針を承認
1993年	9月	●第13回中央委で「日本の進路」、新中期時短計画を決定
	9月	●第３回定期大会で「連合の賃金政策」、「連合の政治方針」を決定
1994年	6月	●第16回中央委で「連合税制改革基本大綱」決定
1995年	1月	●阪神・淡路大震災に現地対策本部を設置する
	3月	●鉄鋼ベア・ゼロなど、春闘回答は平均賃上げ前年比４０００～１５００円の減
	5月	●雇用安定・創出対策本部を発足させる
1996年		●加盟産別の組織統合始まる（このあと、組織統合が数年続く）
1997年	1月	●減税打ち切り、医療費負担増に抗議して「怒りの緊急集会」国会請願デモ
1998年	10月	●春季生活闘争方針に、「公正なワークルール確立」を加える
	12月	●連合・日経連共同で「１００万人の雇用創出策」を政府に申し入れる
1999年	6月	●雇用・生活危機突破中央集会を開き、政労会見で１４０万人雇用創出を要求
	10月	●第６回定期大会、「政治方針」で〝民主党基軸〟を明記。政治センター発足
2000年	7月	●G８労組指導者会議（レーバーサミット）が東京で開催される

2001年	11月	●「アクション・ルート47」で笹森会長が社会対話をスタートさせる
	12月	●ワークシェアリングで政労使会議を開催
2002年		●連合評価委員会が大阪、東京などでタウン・ミーティングを開催
2003年	8月	●連合評価委員会が最終報告を発表
	10月	●第8回定期大会スローガンが「組合が変わる、社会を変える」に変わる
2004年	3月	●年金改革を求める全国統一行動中央集会を開催
	10月	●「不払い残業撲滅の取組み」方針を決める
	12月	●宮崎で第18回国際自由労連世界大会が開催される
2005年	6月	●パート・派遣・契約労働者と均等法に関して相談ダイヤルを開設
	11月	●「不払い残業」に関する相談ダイヤルを開設
2006年		●「ストップ格差社会」キャンペーンを開始
	6月	●「男女雇用平等法、パートの均等待遇法制化」要求実現を目指して集会開催
2007年	2月	●年間総実労働時間実現に向けた中期時短方針を決定する
2008年	10月	●非正規労働センターを設置
	5月	●新潟でG8労組指導者会合が開かれる
2009年	2月	●電話相談「なんでも労働相談ダイヤル」を常設化
2010年	12月	●目指す社会として「働くことを軸とする安心社会」を提起
2011年	3月	●東日本大震災で本部に「対策・救援本部」、カンパ、ボランティア派遣を展開
2012年	5月	●第62回中央委員会で「1000万連合実現プラン」の取組み方針決める
2013年	5月	●「連合大学院」の設置で法政大学と覚書を締結

第3章 「連合」の組織の現状とその運営

3・8国際女性デーで東京・有楽町駅前で、
働く女性が活躍できる社会づくりを訴える（2012年3月）

日本の労働組合員の7割が結集

　連合には、どれくらいの労働組合員が加盟しているのでしょうか。厚生労働省の「労働組合基礎調査」（２０１３年）によると、日本の全労働組合員数９８７万５０００人のうち、連合には６８４万４０００人の労働組合員が結集しており、労働組合員全体の約7割（69・３％）を占めています。まさに、日本を代表するナショナルセンターにふさわしい数字です。

　連合に参加するといっても、労働者個々人が直接加盟するのではなく、基本的には所属する企業別労働組合を通じて、産業別労働組合に加盟することになります。連合には、このような産業別組織が49組合加盟しています。これとは別に、連合には都道府県単位に47の地方連合会があります。産業別組合を経ないで、地方連合会に加盟することで連合に参加することも少なくありません。さらに、全国各地には労働者一人でも加盟できる地域ユニオンが数多くあり、その地域ユニオンを通じて、同じように連合に参加することもできるようになっています。

過半数を占める主要製造業、商業・流通産業の労働組合員

それでは、どんな産業の労働組合員が多いのでしょうか。連合は、2014年4月時点で登録組織人員は673万9073人と発表しました。それを産業別に大まかに分類すると、おおよそ次のような数になります。

・金属（自動車、電機、鉄鋼、造船重機など）グループ	約200万人
・化学・繊維・商業・流通グループ	約156万人
・公務（官公）グループ	約127万人
・金融・保険グループ	約60万人
・交通・運輸グループ	約51万人
・資源・エネルギーグループ	約25万人
・情報・出版グループ	約23万人
・食品グループ	約12万人
・サービス・一般グループ	約5万人
・医療・福祉グループ	約7400人
・建設・資材・林産グループ	約4600人

一見して明らかなように、「金属」グループと「化学・繊維・商業・流通」グルー

●JAM
中小機械金属関係の労組の結集体として、かつての総評全国金属、全金同盟、全機金が統合して結成。JAMはJapanese Association of Metal,Machinery and Manufacturing Workersのイニシャルから。

プが他に抜きんでて組合員数も多く、目立っています。「金属」グループには自動車総連、電機連合、基幹労連（鉄鋼、非鉄金属、造船重機など）やＪＡＭなどには、日本を代表する企業の労働組合が集まっていますから、日本の有力企業の労働組合がほとんど全部、連合に入っていることになります。

ＵＩゼンセン同盟とサービス・流通連合が統合した「ＵＡゼンセン」の結成大会（2012年11月6日）

また、「化学・繊維・商業、流通」には、繊維、化学といった製造業から百貨店、スーパーなどの流通、伝統産業まで、幅広い業種や産業が集まっています。これは、繊維産業から出発して、その後は流通、商業、化学・薬品などの産業にも組織化の範囲を積極的に広げて、今や〝複合産業組織〟となっている**ＵＡゼンセン**という巨大組織の存在が大きく影響しています。ここにさらに、石油、薬品、セメントなどの**ＪＥＣ連合**も加わります。このように、連合には製造業の労働者を、業種を超えて結集しているという強みが見えてきます。また、「交通・運輸」には一部の分裂組合を除いて陸上、海上、航空のほ

●ＵＡゼンセン
全国繊維化学食品流通サービス一般労働組合同盟が正式名。ＵＡの意味については、ＡＬＬＩＡＮＣＥ（同盟）と、多様な産業・業種の多様な働き方の労働者を結集するＡＬＬ-ＲＯＵＮＤ（オールラウンド）という、それぞれの意味を込めたと説明している。

とんどが、連合に参加しています。

次いで多いグループは「公務（官公）」ですが、国や地方の公務関係労組は分裂しているため十分に主導権を握れる状況となっていないのが、連合のアキレス腱と言えます。同じ意味で、医療関係やメディア関連の組織でも弱体は否めません。

連合の構成組織の組合員数を別の角度から眺めてみると、140万人のUAゼンセン、83万人の自治労といった巨大組織から、わずか500人の全映演まで、規模には大きな格差があります。49組織をその組合員で区分すると、10万人超が13組織、2万人以上10万人未満が同じ13組織、残りの23組織は2万人未満です。

●JEC連合
正式名は日本化学エネルギー産業労働組合連合会。JECは英語名のJapanese Federation of Energy and Chemistry Workers' Unionsの頭文字から取っている。

低下が続く労働組合組織率

会社などに雇われて働いている労働者のことを「雇用労働者」といい、雇用労働者のうち労働組合員がどの程度占めているか、その比率を労働組合組織率といいます。雇用労働者の総数は5571万人（うち女性2404万人、2013年6月労働力調査）で、労働組合員の総数は前述したとおり987万5000人です。厚生労働省は2013年の組織率が17・7％に低下したと発表しています。女性の労働組合員については、303万4000人、組織率12・6％でした。組織率は一般に、労働組合の力と影響力の強さを表す数字とされており、低下は日本の労働運動の影響力の低下と見ることができます。

労働組合の組織率は終戦後、連合国軍総司令部（GHQ）が労働組合育成策を進めたこともあって、1949（昭和24）年に55・8％という高い比率を記録しました。その後、緩やかに低下し始めて、高度経済成長期にはやや持ち直して35％前後で一進一退。しかし、1983（昭和58）年に30％台を割り込むや、年々低下の一途をたどるようになって、2003（平成15）年には20％さえも切ってしまいました。

欧米先進国でも**組織率**の低下傾向は見られますが、ヨーロッパ各国では労使交渉の結果を、同種の産業の他の労働者にも反映させる仕組みがあります。しかし、企業別労働組合が労働組合の基本的な単位になっていて、欧州のような仕組みのない日本では、組織率はまさに「数は力」で、それが高いか低いかは直接、労働組合の影響力に関係してきます。組織率低下には深刻な問題をはらんでいるのです。

日本の雇用者数そのものはむしろ増えています。にもかかわらず組織率の減少が続くことの背景には、雇用形態が多様化したにもかかわらず、その象徴といえる増加するパートや派遣、臨時労働者などのいわゆる非正規労働者に対して、労働組合が十分に働きかけなどの活動をしてこなかったことが、理由としてあげられます。同時に、日本の産業構造変化によって、従来から労働組合員の多かった製造業の労

●**各国の組織率**

OECD資料（2011年）によると、この10年間に低下していないのはイタリアの35・6％くらいで、その他は、アメリカ11・3％、イギリス25・6％、ドイツ18・0％、韓国9・9％で、いずれも低下している。

働者が急増している一方で、流通やサービス産業などの第三次産業で働く労働者が急増している、そのような変化のスピードに、労働組合の組織化が追い付いていないということです。

この章の冒頭で述べたように、連合には日本の労働組合員の約7割が加盟していますが、対立する団体の**全労連**には82万7000人（8・4％）が加盟しています。このほかに、労働組合員であってもナショナルセンターに加盟しない産業別組合や、どこの産業別組合にも加盟しない組合の組合員が、200万人強いるということになります。こうした組合は、どこにも加盟しないので「純中立組合」とか「独立組合」などと呼ばれますが、それらには、全建総連、市銀連、新聞労連、出版労連などがあります。このうち、全建総連の一部は地方連合会に参加していますが、全労連との連携が強い組合も少なくありません。

連合は組織化の対象として、医療・介護分野と並んでマスコミ関連労組に力を入れてきましたが、医療分野では全労連に加盟する日本医労連が圧倒的に強いのが実情です。連合は結成とともに、これに対抗する全国医療（現ヘルスケア労協）を旗揚げしましたが、医師や看護師といった医療の中核を担う労働者層にはなかなか迫れていません。UAゼンセン傘下の日本介護クラフトユニオンが、日本の高齢化とともに増えている介護労働者の組織化に力を入れ、注目が集まっています。マスコ

●**全労連**
連合結成の直後に、「階級的ナショナルセンター確立」を標榜して結成された団体。共産系労組がその主体となっている。第1章の23ページ「日本を代表するナショナルセンターの誕生」の項を参照。

ミ関連については水面下では話し合いが進められていますが、今のところ具体的な進展がないのが実情です。

「非正規労働センター」を設立、全力で組織化に対応

非正規・パート労働者との交流集会
（2013年3月）

連合は、2007年10月に「非正規労働センター」を設立し、非正規労働者の組織化と支援に本格的に乗り出しています。2013年の第13回定期大会では「1000万連合実現行動の着実な実践」を掲げ、組織化専任チームを結成して、その後の2年間に新たに71万8867人の組織拡大の目標を決めました。組合員を増やす産業をしぼって、その産業の労働者に集中的に組合作りの働きかけをします。

これまでは「組織拡大目標」を掲げて、構成組織や地方連合会に拡大活動を任せて、結果を待つような傾向がありました。2001年から

2年単位で行われた1次から5次までの組織拡大は、目標の50％にも満たない結果で終わりました。それだけの理由ではありませんが、結成時の組織人員は25年間に約100万人減少しています。

このため、今後は連合本部が組織拡大の指揮と責任を持ち、関係産業別組合や地方連合会とも密接に連絡・協力しながら、組織化に力を入れることにしています。

2007年に非正規労働センターを設置し、組織化に力を入れ始めたのには、2003年の**連合評価委員会**の厳しい最終報告が、連合の背中を押したという内情があります。当時から言われていたことですが、連合は「大企業中心の正規社員のみの組合で、非正規労働者には冷たい」などの根強い批判がありました。

●**連合評価委員会**
第2章55ページ『安定男性正社員の利益のみ代弁』—評価委員会の厳しい警鐘」の項を参照。

☆ Column ☆
「連合」にも労働組合がある

働く人がいれば、その人たちがまとまって労働組合をつくることは憲法で保障された権利。労働組合で働く職員は、普通「書記さん」といわれ、その人たちが労組を作ることはよくあります。連合にも職員の労働組合があり、自治労、日教組、電機連合といった、連合加盟の主要産業別組織にもあります。

連合職員の組合は「連合スタッフユニオン」で、連合結成直後に発足しました。組合に入れるのは、役員である総合局長の下で働く局長以下の全職員。加盟組合からの出向者は入れませんが、連合から連合総研、教育文化協会へ出向した職員は加入でき、2014年の組合員は66人。平均年齢42.8歳、平均勤続12.4年。6人の局長も加入しているそうです。

最大の交渉テーマは、やはり賃金と労働時間。春闘時期に要求を提出、事務局長を相手に数回の交渉もして決定されます。何かの営業をしているわけではないので、春闘の妥結結果などが指標で決まるのが普通です。

この“労使”、双方とも春闘を知り尽くした人ばかり。だから話が速いか、それとも、だからこそやりにくいか。どちらでしょう…？

また、97年の第5回大会で連合はそれまで掲げてきた「力と政策」のスローガンを「力と行動」に変更しました。連合が求める「政策はそろった。いまやこれを実現するのみだ」との決意をその言葉に込めました。そして2002年3月、中坊公平弁護士を座長とする7人の識者による連合評価委員会の発足を確認。1年半の討論を経て2003年9月に最終報告が提出されました。2003年の第8回定期大会では「組合が変わる、社会を変える―安心・公平な社会を求めて」を連合運動の新たなメインテーマに据えたのです。

非正規・パート労働者との交流集会には、連合のマスコット「ユニオニオン」君もひと役　（2013年3月）

2013年10月の第13回定期大会で報告された第6次2カ年計画の組織拡大実績は、組織拡大目標の46万1452人に対して実績は到達率51・4%の23万7113人にとどまり、厳しい状況は依然続いています。結果が出て来ているとはいえません。しかしその一方で、パートなどの短時間労働者の組織拡大が、到達率109・3%の11万9126人にのぼるという明るい兆しも見えてきました。努力の成果は徐々に出て来て、パート組合員数は２０１４年に84万５９６４人となり、左ページのグラフに示したように全体の中の12・６％となりました。さらに、粘り強い継続的努力が求められています。

「1000万連合」へチャレンジ

連合の第13回大会で、３期目に入った古賀伸明会長は「社会や私たちを取り巻く環境が大きく変化するなかで、企業別組合の強みより弱みが表面化している」、「経済・社会が成熟化の時代に突入し、どうしても企業別組合は〝わが企業が…〟〝わが企業が生き残るためには…〟という内にこもる傾向が強まってきている」と、改めて連合評価委員会の報告を引き合いに出して、「職場の第一線の組合役員、組合員あるいはこの社会でともに働いている仲間の皆さんの心に響き、ともに運動を前進させることができるよう、それぞれの立場で本音の対話活動やコミュニケーションを積み重ねていくことをお願いしたい」と要請しました。連合本部としてもこの大会以降、全国の組織はもちろん、さまざまな労働者とも直接対話を行い、会長自らが全国を飛び回って、労働運動のパワーアップに取り組み、各界各層との対話を続けています。

連合の組織人員とパート組合員比率の推移

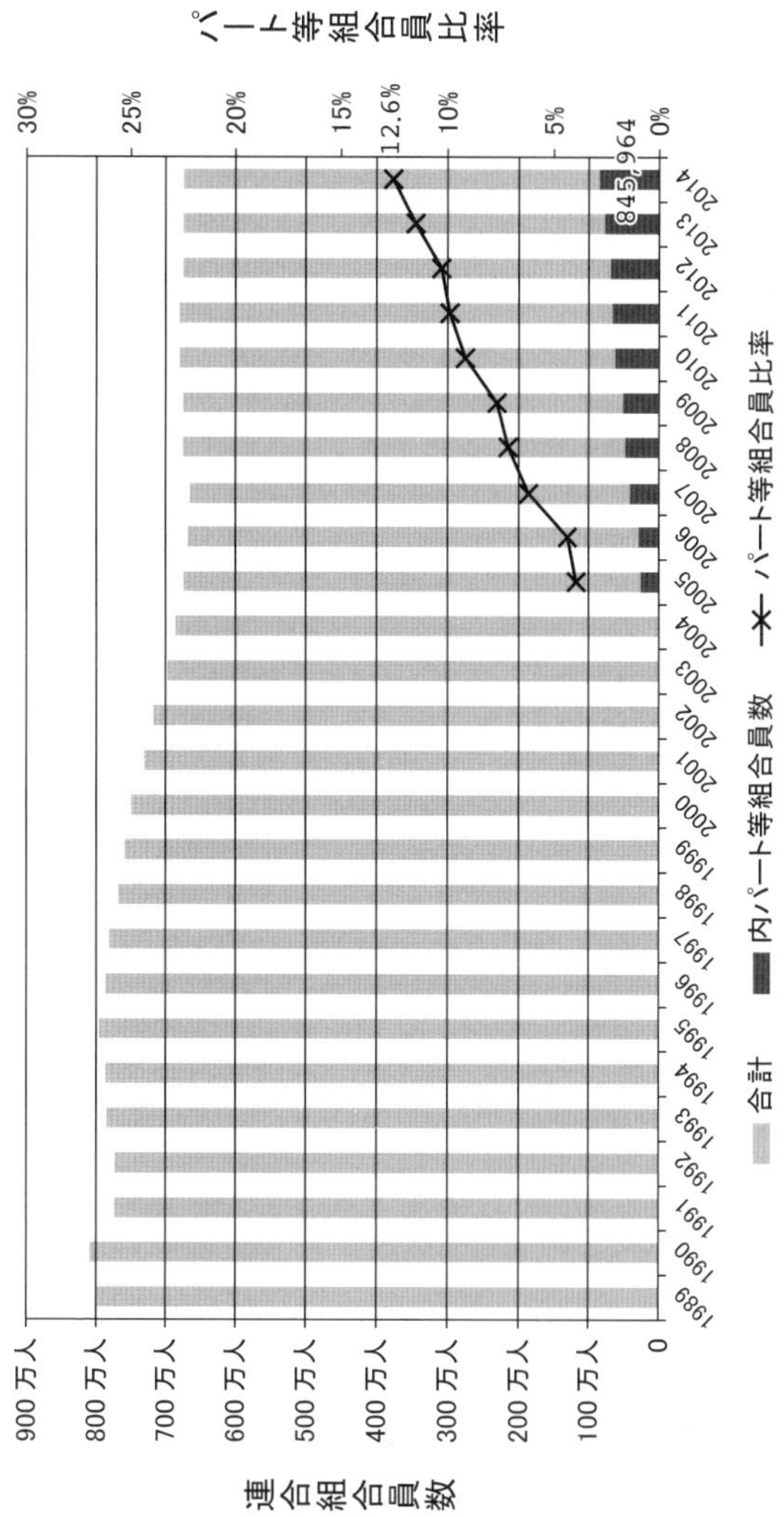

出所：連合資料
※パート・有期契約等組合員の集計については 2005 年以降実施

連合はこの大会で2020年までに「1000万連合」の実現をめざし、「これまでの延長線とは違う取り組みにチャレンジする」と、新たに組織化推進専任チームを立ち上げ、連合本部・構成組織・地方連合会が一体となり具体的行動を始めています。

「1000万連合実現プラン」では、新たな産業分野への取り組みとして、中央ばかりでなく地域でも新聞、テレビ、出版、情報、印刷関係労組との連携を強めていく方針です。このため、すでに「今後のマスコミ産業のあり方と働き方を考える研究会」（略称ＡＩＭ）という組織を発足させて、この研究会を通じて幅広い意見交換を始めています。また、全国の主要な空港や駅などのターミナルで働く未組織労働者の組織化や、金融、建設、医療関係などの事業所で働く人たちにも、活動の輪を広げていくことにしています。

組織運営はどのように行われているのか

連合の組織を図で示すと左ページの図のようになります。このような巨大組織の運営がどのように行われているのかについても、触れましょう。

連合の最高意思決定機関は定期大会、臨時大会です。定期大会は2年に1回開催

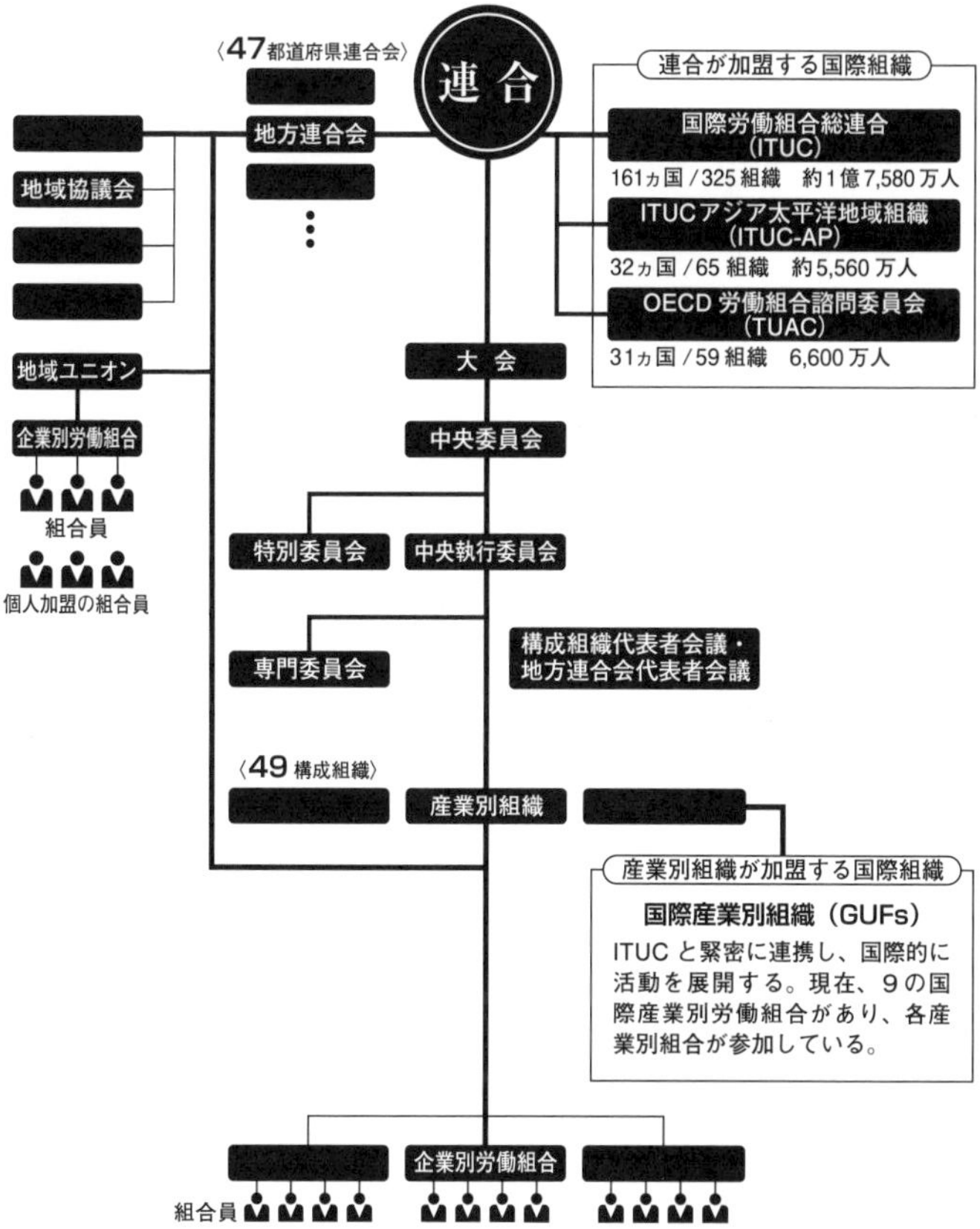

連合の関連団体

- 連合総合生活開発研究所（連合総研）
- 国際労働財団（ＪＩＬＡＦ）
- 教育文化協会（ＩＬＥＣ）
- 日本労働文化財団（ＪＩＣＦ）
- 日本高齢・退職者団体連合会（退職者連合）
- 労働者福祉中央協議会（中央労福協）
- 全国労働金庫協会（労金協会）
- 全国労働者生活協同連合会（全労済）

定期大会は２年に一度開催される
（2013年10月の第13回定期大会）

され、予算や運動方針の決定、役員の選出などが行われます。また、規約の改正、上部国際組織への加盟、脱退、加盟組合の制裁・統制などを扱います。

臨時大会は、中央委員会がとくに必要と認めたときや、構成組合の3分の1以上から同一の理由により開催請求があったときに限られ開催されることになっていますが、これまで開催されたことはありません。中央委員会は大会に次ぐ決議機関で、原則として年3回（定期大会のない年は4回）開催されます。

大会代議員と中央委員は別に定めた**選出基準**にもとづいて選出されます。オブザーバー組合、友好参加組合は大会に特別代議員、中央委員会に特別中央委員を基準にもとづいて選出します。発言権はありますが、議決権は認められていません。地方選出の特別代議員、特別中央委員も同じです。

大会または中央委員会での採決は通常、出席

●大会代議員の選出基準
3000人未満の構成組織（正式加盟）は1人、それを超える組織は1万3000人につき1人（端数切り上げ）。それに満たない組合は1人。オブザーバー、友好参加組合、地方連合会、地方ブロック連絡会は特別代議員1人。女性特別代議員は各構成組織1人が割り当てられる。

代議員、中央委員の過半数により賛否を決します。しかし、出席代議員または中央委員の3分の1以上の賛成で「重要案件」に指定された事項については、加盟組合を単位に会費納入人員数による比例採決が行われ、その過半数で賛否を決することになっています。

比例採決というのは、企業の株主総会の議決方式（株式数で決せられる）のように、会費納入の組合員数による採決です。これまでに実施された例は、第2回大会（1991年）、第3回大会（93年）、第4回大会（95年）、第29回中央委員会（98年）、第8回大会（2003年）、第9回大会（2005年）の計6回あります。いずれも規約改正に関係する議案で具体的には会費値上げの案件でした。

大会、中央委員会のほかの重要な会議としては、中央執行委員会、三役会があります。中央執行委員会はほぼ定期的に毎月開かれ、規約では「大会で決定した方針にもとづき、連合の日常業務、財政収支などに関わる執行方針を決定するとともに、至近の中央委員会の開催までの間の緊急の重要案件については審議決定する」とされています。三役会は会長、会長代行、副会長、事務局長、副事務局長による会議で、通常は中央執行委員会の2日前に開かれ、そこで審議する問題を討議します。

このほかに、地方連合会代表者会議が年4回、地方連合会事務局長会議が年5回、集中審議三役会が年4回、三役意見交換会が年4回程度開催され、相互研鑽と討論の場として重視されています。

連合の日常業務は事務局長の下に、本部には組織、政策、労働、政治、男女平等、国際、企画、総務財政の8つの総合局と非正規労働センターが設置され、各総合局の下にはさらに、課題ごとに**合計15局1チーム**が置かれて、日常の業務をつかさどっています。

また、運動方針にもとづくテーマごとに、副会長を座長にして組織委員会、政策委員会、労働条件委員会、雇用法制委員会、中小労働委員会、男女平等推進委員会、国際委員会、組織財政委員会の8専門委員会が置かれています。さらに小委員会として、組織拡大強化、連帯活動、青年活動、経済政策、環境・社会政策、福祉・社会政策、最低賃金、多国籍企業問題の8小委員会が設置されています。

●総合局の下の局
政治局、財政局、総務局、秘書室、広報・教育局、企画局、国際局、男女平等局、雇用法制対策局、労働条件・中小労働対策局、生活福祉局、社会政策局、経済政策局、連帯活動局、組織拡大・組織対策局、組織化専任チーム。

本部役員の構成と選出基準

大会では、会長1人（専従）、会長代行2人（うち1人は女性代表）、副会長12人、事務局長1人（専従）、副事務局長5人（いずれも専従）、中央執行委員28人（うち専従中執9人）、会計監査4人の合計53人の役員が選出されます。役員への立候補は基本的には本人の意思はもちろん、構成組織の推薦にもとづいて立候補できます。通常は、役員推薦委員会（常設）が事前に推薦名簿を作成して、信任投票の形で選出されます。

しかし、民主主義社会の常識のとおり立候補は自由ですから、推薦委員会が推薦候補者にしていない人が立候補し、決選投票が行われたケースが結成以来４回あります。そのうち第４回大会（95年）の事務局長選挙、第５回大会（97年）と第９回大会（２００５年）の会長選挙では、いずれも推薦委員会の推薦候補が圧勝しました。また、第８回大会（２００３年）の会長選挙では、役員推薦委員会による調整

☆ Column ☆
会長、事務局長選挙の悲喜劇

連合大会では役員推薦委員会の推薦以外の人が立候補、決選投票が行われた例が4回あります。

1995（平成7）年の事務局長選挙では、連合の組織運営に批判的だったJR総連の福原福太郎委員長が、役員推薦委員会の推薦候補となった鷲尾悦也氏に対抗して出馬。1997（平成9）年には、同じJR総連の柴田光治委員長がやはり鷲尾氏に挑戦。結果は数十票しか得られず鷲尾氏（95年485票、97年477票）に惨敗しました。

2003（平成15）年の会長選挙は、再選を目指す笹森清会長に対抗、UIゼンセン同盟会長の髙木剛氏が立候補。役員推薦委員会の調整は不調となって、通常の推薦候補なしで決選投票へ。結果は笹森氏346票、髙木氏140票で、笹森再選が決定しました。

2005（平成17）年の会長選挙には、全国ユニオンの鴨桃代会長が突如立候補して、髙木氏との一騎打ちとなりました。全国ユニオンは非正規労働者主体の組合で、連合の加盟組織ではユニークな存在。行方が注目されました。結果は髙木氏の323票に及ばなかったものの、予想を超える107票が入って、話題となりました。

同じ年の会長選では、笹森会長の下で事務局長を務めた草野忠義氏が後任会長に意欲を示していましたが、笹森氏の「大胆な世代交代」の発言に抗しきれず、涙を呑んで退任。草野氏の後任事務局長に選任されたのが、現会長の古賀伸明・電機連合委員長でした。

が不調に終わり、役員推薦委員会として推薦行為は行わないことを確認したうえで投票が行われ、現職会長の続投が決定しました。

副会長の選出は、加盟組合をA～Dの4グループに分け、Aグループ4人、Bグループ3人、Cグループ3人、Dグループ3人の推薦枠を設けて調整が行われます。このうち、Cグループの1人の副会長を2009年の第11回大会で新たに女性代表として会長代行に選出して以来、女性枠として会長代行に選任することになっています。

メーデーの参加者全員が「頑張ろう！」
（2013年4月）

中央執行委員は副会長組織を除く組織人員4万人以上の組合から11人と、女性枠8人の計19人に加え、9人の常任中執を合わせた総勢28人です。最近の役員構成は男女共同参画推進計画に対応して女性の起用を重視し、「役員の半分は女性に」という考えから、女性中執を多く起用し、副事務局長についても5人のうち2人を女性が占めるようになりました。この結果、連合本部の役員53人のうち、女性が13人となっています。でも、当面の目標である3割には、まだ2～3人足りない状況です。

●専従役員
企業別組合などでは会社の業務を続けながら、会社の仕事を終えた時間に組合業務を行う役員の例があり、そのような役員のことを非専従役員という。これに対して専従役員というのは、会社業務から離れ、組合に常勤して労組業務をこなす役員のこと。

専従役員のなかにはなお、多くが産業別組織からの派遣・出向者で、**企業籍**を持ったまま連合事務局入りをしているのが実情のようです。連合が名実ともにナショナルセンターの中央本部機能を発揮すべく独り立ちするにはまだまだ道のりは遠いといえます。

“絆こそが労働組合の本命”と、東京・新橋駅前で東日本大震災地への応援フェスティバルを開催（2013年3月）

　連合の日常業務が会長、事務局長、副事務局長と常任中央執行委員の専従役員だけで行われているわけではありません。事務局を担当する職員、総勢100人を超す人たちが事務局に勤務して、役員の業務執行を支えています。一体、どんな人たちが日常の業務を担っているのでしょうか。

　結成に際しては、統一で組織がなくなる旧総評や同盟などの旧団体から受け入れた職員や、各産業別組織からの出向職員で事務局が構成されました。その第一世代はすでに定年を迎え、第一線を退いています。連合はその後、事務局員を直接採用するようになり、その第1期生は

●企業籍
一般に、労働組合役員が務めていた会社の籍を持ったままだと、その会社や業界の影響を受けやすいといわれるが、日本では企業籍を持ったまま、労組役員を務めるのが一般的。UAゼンセンには、本人の意思で企業籍を返上する制度がある。このことは「離籍専従」といわれている。

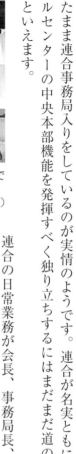

いまや、局長や常任執行委員に育って、労働運動のプロとして実力を発揮しています。

組合員1人月95円の会費が、連合の財政を支える

さて、組織を動かしていくにはヒト・モノ・カネがつきものです。連合の財政はどうなっているのでしょうか。連合の運営は加盟する各産業別組合が拠出する会費収入に大きく依存していることはいうまでもありません。

官公労と統合して「連合」がスタートした1989年の会費は、組合員1人当たり月額30円、それに特別会計の**連帯基金**1人当たり月額5円を合わせた35円でした。その後会費は5円ずつ引き上げられ、現在は60円となっています。連帯基金は5円で据え置かれています。1996年には新たに地方連合会への交付金のための交付金特別会計が設けられ、この会費は当初の20円からその後の引き上げで、現在は30円となっています。これらを合わせた会費の総額は、組合員1人当たり月額95円です。パートなどの短時間労働者の組合員については、別の基準で決められています。

連合総研が行う組合費調査（2012年）によると、正規従業員組合員の1人当たり月額組合費の平均は4933円で、月額賃金に占める組合費の割合は1・62％となっています。日本の労働組合は企業別組合が基礎で、組合費は企業別組合の組

●**連帯基金**
連合が加盟するITUCなどの国際労働組合の連帯資金拠出のほか、連合総研、国際労働財団、教育文化協会などの活動支援に支出される。

合費とし給与から**チェック・オフ**したり、または組合員が自ら払い込んで納められます。その組合費の一部が産業別組合に上納され、さらに連合には、その一部が上納されるということになります。最近は企業別段階で、資本系列を同じくする関連企業グループの労働組合がまとまって**企業連合労働組合**を組織することも多くなっています。企業別組合は企業連へも、通常は上納します。日本の労働組合財政は、このように3重または4重構造になっているわけです。日本の労働組合員が払う組合費の1・5％から2％くらいが連合に上納され、連合の活動はそれによって支えられているというのが実態です。

「労働者保護ルール改悪阻止闘争本部」を設置
（2013年10月）

「えッ、そんなにわずかなの」と驚く人も少なくなかろうかと思います。しかし、会費値上げ議案がしばしば比例採決となっていることで分かるように、会費値上げはそう簡単にはいかないのが現実です。

財政規模とは別の角度から、加盟組織ごとの会費納入を眺めてみると、一般会計で最も多額

●**チェック・オフ**　労働組合と使用者が協定して、労働者の賃金から組合費を控除（天引き）して、それを一括して組合に引き渡す制度。

●**企業連合労組**　同じ資本系列にある各企業労組がまとまって組織する。グループ労連とも呼ばれる。企業の持ち株会社化が進んで、増える傾向にある。

の納入組合は自治労で年間5億3300万円。次いで自動車総連の4億9000万円、UAゼンセンの4億5700万円、電機連合の3億8400万円、JAMの2億2500万円といったところが上位を占めています。日教組、基幹労連、生保労連、JP労組、情報労連、電力総連、JEC連合がいずれも1億円以上の会費を納入しています。

組織人員が多いほど納入額が膨らむのが普通ですが、UAゼンセンが自治労や自動車総連より少ないのは、パートなどの短時間労働者の組合員比率が大きいことによるものです。ほとんどの組合では、短時間労働者の組合員には正社員と異なる基準で組合費を決めています。

連帯活動会費も、加盟組合員数に単純に比例しないのも同様で、年間4000万円台のUAゼンセン、自治労、自動車総連から10万円未満の5産別まできわめてその負担額の差は大きいことがわかります。地方交付金会費も2億円台から10万円台まで幅広く分布しています。

地方連合会、地域協議会が地域で働く人のよりどころに

連合の発足当初の財政規模は、23億9313万円（会費収入約21億円）でしたが、

現在（２０１２年７月～２０１３年６月末）では50億６９６０万円となっています。このうち、会費収入は40億７４００万円です。その他の特別会計である連帯活動会費は３億５７３２万円、地方交付会費は20億４８６６万円となっています。

一方、２０１３年度の支出では特別会計繰入金を除くと、人件費の10億６０００万円が最も大きく、総額の20・９％を占め、組織対策や政策対策などの部門活動費が３億１９４４万円、６・３％、広報教育費３・２％、大衆行動費３・１％、国際費１・８％などとなっています。人件費に次いで事務所費、印刷費、ＯＡ関係費などを含む総務費が９・７％を占めています。

3・8国際女性デーで花を配りながら、女性が活躍できる社会づくりを訴える　（2012年3月）

２０１３年度特別会計では、地方連合会に約20億６０００万円が交付され、地域協議会の活動に約11億５２００万円が助成されました。地域に働く人たちのよりどころとなる地方連合会の政策実現や労働相談、労働組合結成の支援などに充てられています。

第4章 政策制度要求の取組みの実際

2014年の第1回政労使会議（2014年9月30日）

「STOP THE 格差社会！」の大キャンペーン

２０１４年10月2日、東京で開催された連合の第68回中央委員会。２年に１度の定期大会の間のこの年は、この中央委員会が大会に代わる重要な委員会でした。その冒頭のあいさつで古賀会長は、政府が国会に提出した「派遣法改正法案」について触れ、「世界各国は派遣労働を一時的な働き方と位置づけ、正社員への転換を進めています。ところが改正案は、今の不安定雇用・低処遇を是正することなく、派遣はずっと派遣のまま働かせることができるようにする悪法です。これを許せば、正社員から派遣労働者への置き換えが進み、未来の子どもたちの就職先は派遣ばかりという世界になりかねません」と語気を強めて話しました。

古賀会長のあいさつは、連合と地域が連携して「労働者保護ルール改悪阻止」を目標に定めた「ＳＴＯＰ ＴＨＥ 格差社会！ 暮らしの底上げキャンペーン」第３弾の全国展開への実施宣言でした。連合キャンペーンのターゲットは「**派遣法改正**」と並んで「**ホワイトカラー・エグゼンプション**」の阻止。どちらも連合は、労働者保護ルールの改悪につながると警戒しています。

古賀会長は、「いくら働かせても残業代を払わなくてもよい、いわゆるホワイトカラー・エグゼンプションを年収が１０００万円以上なら適用して、働く者の命と

●**派遣法改正法案**
２０１４年６月に廃案とほぼ同じ内容の法案が９月臨時国会に再度提出された。改正のポイントは、現行法の「専門26業務」「一般業務」の区別を取り払い、個々人が働ける期間を最長３年に統一、企業は同じ業務について派遣社員を使用することに制限をなくする、など。同年末の国会解散で再び廃案に。

健康を守る労働時間のルールを無視して働かせてもよいのか。やがて政府は、この賃金水準を下げるに決まっている」と、強く反対を訴えました。

労組活動と政党が連携して推進

中央委員会の1週間前に連合は、東京国際フォーラムで労働組合員4200人が集まって「労働者保護ルール改悪阻止開始宣言集会」を開催、全国縦断アピールリレーを出発させました。

一方、国会では連合中央委の数日前に始まった臨時国会の衆議院本会議で、民主党の海江田万里代表は代表質問で労働者派遣法改正案について、「正規雇用と非正規雇用の賃金、労働条件、社会保障の適用などの格差は放置されたままだ。女性労働者で増えたのは非正規ばかりだ。『派遣で働いている人は一生派遣で働け』というのか。残業代ゼロ制度の導入は、過労死の種をまき、ブラック企業を育成することになる」と、安倍首相の施政方針演説に対する代

国会内の集会で派遣法改正案の廃案に決意を述べる民主党の海江田代表

●**ホワイトカラー・エグゼンプション**　日本の法定労働時間は、週40時間、1日8時間で、それを超えた労働時間には割増賃金を支払わなければならない。しかし、一定の条件の労働者にはその規定の適用を除外する制度。米、英、独などに制度がある。安倍政権が2014年6月に新成長戦略の一環として「年収1000万円以上」をメドに導入を閣議決定した。連合は将来拡大され、長時間労働が強いられると反対している。

表質問で追及しました。本会議の後の衆院予算委員会では、民主党の枝野幸男幹事長、山井和則議員が質問で、「派遣法改正案は派遣労働者を増やす改正案だ」と追及しました。国会の内と外で、連合と民主党が労働者保護ルールの改悪阻止で足並みをそろえました。

連合はこのように働く者のための施策が行われるよう、政策制度の要求を地域と連携して全国で展開する一方で、それに呼応して、政党を通じた法律や制度作りや改正という、多様な手段で行ないます。

この手段の核であり、連合が期待しているのが民主党です。連合は政治方針で、「民主党を基軸とした、勤労者・市民を基盤とする幅広い政治勢力の結集を目指す」と、〝**民主党支持**〟を明記しているからです。だから、連合は日常的に民主党とは密接に協議をすすめています。

キャンペーン開始に際し、連合は国会内で「改悪阻止院内集会」を開催、これには古賀会長に並んで演壇に座った海江田代表が、「派遣法改正案廃案への決意は全く揺らいでいない。連合とも連携し、あらゆる手段を尽くして廃案に追い込む」と決意を表明しました。加盟組織や地方連合会が地域と連携して働く者の声を盛り上げ、民主党には国会で政府に論戦を挑み、法案の阻止、少なくとも法案修正を期待しているのです。

●**民主党支持**
「第2章　連合は結成25年で何を成し遂げてきたか」41ページの政治方針の項を参照。

個別企業の労使交渉を超えた課題が増えた

そもそも労働組合が政策制度要求に取り組むのは、なぜでしょうか。企業別労働組合がその基本となっている日本では、従来は個々の企業単位の労使交渉で、ほとんどの問題が解決されてきました。ところが、高度経済成長以降は、日本の経済の発展や社会構造の変化もあって、個別企業の交渉だけでは解決できない課題が多くなったことが、最大の要因です。労働者の生活を向上させ、安心して生活できるようにするためには、どうしても国の施策や制度を変えないと実現しない問題が、たくさん出てきたのです。

都道府県などの地方行政機関が実施する施策についても、働く者の生活に大きな関連があるので、地方連合会を中心に同じように働きかけや運動を行っています。

１９７３（昭和48）年の石油ショックまでは、大企業を中心に民間企業の労働者の生活福祉は、ほぼ企業内で完結していたといえます。賃金など労働諸条件はもちろんのこと、いろんな福祉制度も企業内で行われ、平均寿命が今ほどは長くはなかったこともありますが、定年まで働けば老後生活は、ほとんどの人が三世代家族の中で不安なく過ごすことができました。多くの企業は社員に社宅を用意してくれ、普通に働いていれば、30～40代には〝狭いながらも我が家〟を持つこともできました。

石油危機の経験—「大幅賃上げだけで生活を守れない」

労働組合が具体的に政策的対応の必要を強く感じたのは、１９７３（昭和48）年の石油危機の発生でした。狂乱物価と名付けられるほどのインフレが国民生活を襲いました。これを受けて労働組合は、翌年（１９７４年）の春闘で大幅な賃上げを要求し、32・９％という大幅の賃上げを獲得しました。しかし、消費者物価はこの年度に20・９％と、石油危機の発生時以上に跳ね上がってしまったのです。高い累進課税という所得税制もあり、実質的にはほとんど労働者の手元に残らなかったのです。

労働組合の賃上げ要求は生活向上ということもありますが、基本的に「物価が上がったから賃上げを」という姿勢です。日本ではこれに加え、労働運動を

「労働者保護ルール改悪阻止行動開始宣言集会」
（2014年９月、東京国際フォーラム）

前進させ、獲得額をさらに増やすという意味で、「前年**獲得実績プラス・アルファ**」という考え方をとっていました。

しかし、石油危機を契機に、当時の春闘賃上げをリードしていた鉄鋼労連を中心に、「従来通りの賃上げでいいのか」という反省が持ち上がりました。石油危機は特に、中東の産油国中心の**OPEC（石油産出国機構）**が、一方的に原油価格を値上げしたのが原因でした。このように起きた物価高騰を、賃上げで後追いするだけでは、さらなる物価高騰を招くばかりか、労働者の生活向上にも実際に役立たないのではないかー。石油危機の本質を理解したからこその反省でした。

当時の鉄鋼労連の宮田委員長は8月の定期大会で、「前年度の獲得実績プラス・アルファの繰り返しは今日の局面で通用しなくなった。これからは如何に実質的に、しかも経済成長に見合って、われわれが計画的に賃上げを考えていくかが、重要なポイントになる」と述べました。当時の総評官公労を中心に「労組が賃上げ自粛とは何ごとか」と強い反発が出ましたが、その一方で民間の組合の多くは、「実質賃金を主張する姿勢に転換すべきだ」（全繊同盟）、「物価が抑制されれば、賃金要求について考える余地がある」（同盟）などの支持表明も少なからず出たのです。

宮田委員長らはその後、政府や財界に対し物価抑制を強く働きかける一方、次の春闘では**金属労協（IMF・JC）**がこれまで以上に強力な主導権を発揮します。

●**獲得実績プラス・アルファ方式**
前年の賃上げ獲得実績を基礎に、要求額を上乗せして要求を決める手法。

●**OPEC（石油産出国機構）**
中東の産油国を中心に、産油国側の利益を守り、生産量や価格調整のため1960年に設立。ロシア、メキシコ、北海油田などの生産量増加で、影響力は低下した。

この結果、翌１９７５（昭和50）年の賃上げは13・1％となり、この年度の消費者物価上昇率は10・4％にまで下落しました。
　このような労働組合の態度が功を奏して、日本の狂乱インフレは間もなく収束しました。オイルショックが引き起こした各国のインフレは、石油輸入国に共通した悩みでしたが、いち早くそれを収束させた日本は世界から高く評価されました。全民労協発足の際の「基本構想」には、日本が石油危機を見事に乗り越えたことに触れ、「最大の原動力は質的に優れたわが国の労働力であり、労働組合の対応であった」と誇らしげに記録されています。

「労働者保護ルール改悪阻止」を訴えて全国横断リレー
（2014年10月、連合広島からタスキを愛媛へ）

　そして、石油危機から始まったインフレへの対応を経験にして、２年後の１９７６（昭和51）年10月に民間の主要産業別労組を中心に、「**政策推進労組会議**」が結成されました。この「政策推進労組会議」が労働戦線統一の核となり、その後、紆余曲折を経ながらも、やがて現在の「連合」結成につながった経過については、第1章で述べたとおりです。

●金属労協（ＩＭＦ・ＪＣ）
当時の国際金属労連（ＩＭＦ）の日本における国際連帯の窓口として１９６４年結成。総評、同盟などの枠を超えて鉄鋼、造船、電機、自動車、非鉄などの産業別組織が総評、同盟といった団体の枠を超えて加盟したことで、労働戦線統一の流れに大きな影響を与えた。

●政策推進労組会議
「第1章『連合』はこうして生まれた」の18ページ参照。

手探り、手づくりから始めた政策制度活動

政策推進労組会議が発足当初にとりあげた政策制度の課題は、経済政策、雇用、物価、税制の4分野でした。その頃の日本経済は、高度経済成長に陰りが見られるようになってきて、成長率は10％台ギリギリになっていました。健全で持続的な経済成長は国民の生活向上のための大前提という考えから、政策推進労組会議は、労働組合の立場から適切な経済政策を政府に求め、労働者の生活を守るよう働きかけました。

その頃、雇用にも危険信号が灯り始めました。高度経済成長時代には1％台の低い失業率が続いていましたが、ジリジリ上昇を始め1976年に2％台に乗りました。人出不足から人余り時代に入って、労働組合にとっては当然、雇用の安定が重要な課題となり始めました。一方、労働者の関心が高い物価は、依然として要注意の状況でした。そして、給与から天引きされる税金にも不満が渦巻いていました。重い累進制度でほとんど丸ごと課税されるサラリーマンの税制は、〝**トーゴーサン（10・5・3）**〟などといわれて、事業者などに比べ大きな不公平がありました。

政策推進労組会議はこれらの課題ごとに、各省の担当責任者に直接会って、問題点の解決への施策の策定と実行を粘り強く申し入れました。経済界への働きかけ、

●**トーゴーサン**
勤労者がもらう給料から必要経費を除いた額に対して課税されるが、労働者は源泉徴収なので、税務署にはほぼ10割明らか（捕捉される）なのに対し、自己申告する事業者は約5割、農林水産業者は約3割だと、課税格差がいわれる言葉。クロヨン（9・6・4）ともいわれる。

政党への要請にも、加盟の産業別組織から派遣された職員は連日、足を棒にして通い続けました。毎年度の終わりには、活動の成果について「実施されたことと、されなかったこと」に分けて検証、新年度にはまた活動目標を決めて、職員は各省の担当者とひざ詰めの協議をし、要請しました。

当初は、このように全くの手探りで、手づくりの政策制度要求の取組みでしたが、目標とする課題は次第に、労働分野の課題はもとより、年金・医療、土地・住宅、資源エネルギー、女性、行政改革、さらには、教育、食糧、環境などの分野に拡大してきました。

このように政策推進労組会議の活動からスタートした政策制度要求の活動は、労働戦線統一の動きが進展するとともに、全民労協、民間連合、そして現在の連合へと引き継がれて来ました。

労働組合は、なぜ政策制度に取り組むのか

労働組合が政策制度に関する活動に取り組む目的には、次のようなことがあげられます。

その一つ目は、労働組合が勤労国民を代表する「最大の納税者組織」だというこ

とです。納税者が、納めた税金がどのように使われるかについて発言し、チェックすることは、民主主義国では当たり前のこと。国の基盤である国民と政府との相互信頼関係の基本に関わることです。労働者はまた、国民重視の政治・行政・司法が確立されるために当然、発言権を持っています。働く者を守り、大事にする法律を作り、必要な場合は改正を求め、行政が具体化するいろんな制度や改正にも、労働組合が発言し、要請・要求し、チェックするのは、たいへん重要な労働組合の役割なのです。

連合発足後初めて、海部首相と政労会談
（1989年11月18日、首相官邸）

二つ目は、働く者にとって、〝失業〟は最大の生活危機であることは、言わずもがなのことです。ですから、常に仕事があること、仮に失業することがあっても、その期間の生活費が保障され、次の仕事が短期間で見つけられることが重要です。自分の希望や、次の就職の必要から、これまでとは異なる分野の仕事に就くような場合には、それに必要な技能訓練が受けられることもたいへん大事です。

仕事ならどんな仕事でもいいというわけでもあり

ません。子どもを健康に育てられ、生活が維持できるに十分な収入が保障され、また、労働者としての権利も認められていなければなりません。ILOが提唱する「**ディーセント・ワーク**」でなければなりませんし、「**ワーク・ライフ・バランス**」が実現される仕事であることも重要です。労働組合には、働く者の雇用を守り、生活諸条件と権利を向上させるという、大きな役割があります。政策制度要求はそのために欠かせない活動です。

日本商工会議所との懇談で、雇用問題、成長戦略、中小企業政策などで意見交換する古賀会長（中央）、神津事務局長（左）らの連合役員　（2014年4月）

三つ目は、産業・経済の健全な発展に、労働者としても役割と責任を担い、寄与するということです。労働者の雇用も生活向上も、産業・経済の健全な発展の上にその基盤があることはいうまでもありません。ですから、労働者には自らの働きが日本の産業を支えているという責任と同時に、プライドが求められています。

四つ目はこれまでの三つとも関連して、労働者には日本社会の構成員として、安心して暮らせる社会、公正・公平な持続可能な社会をつく

●**ディーセント・ワーク**
働きがいのある人間らしい仕事のこと。詳しくは「第6章　世界の中の連合」160ページのコラム参照。

●**ワーク・ライフ・バランス**
仕事と生活がバランスし両立する働き方。ライフには、子どもを生み育てることや趣味、地域活動も含まれる。

りあげる責務があるということです。労働組合は、その責務に基づいて政策制度の活動を進めるのです。

組織あげて「要求と提言」づくりの討議

連合はこのような基本姿勢のもとで2年に一度、「政策・制度 要求と提言」を作って、それを基本方針に政策制度要求の活動を行っています。その策定作業は通常、全国の組織に対する政策アンケートを行い、問題点や改善要望などを吸い上げることから始めます。

これをもとに、政策委員会を中心に、産業別組織も加わって議論を重ねながら、素案から原案に近い形へと練り上げ、翌年3月ごろに原案をまとめます。これを加盟各組織で検討してもらい、さらに中央執行委員会、三役会などで討議を重ね、6月には中央委員会で決定するという段取りで作られていきます。まさに、全員参加の形で要求は作りあげられて行くのです。この段階では産業別組織でも「政策討論集会」を実施するなどして意見集約をし、連合の政策関係委員会に反映を図ります。また、大会と大会の中間の年には、新しい情勢などを判断して、重点政策の補充が行われることもあります。

連合は、こうしてまとめた「要求と提言」を基に、政策制度要求の実現に向けた具体的活動を組織あげて開始するわけです。それは政府・行政の予算編成スケジュールをにらみながら行われます。

経済同友会と共催で「これからの人財育成のあり方」シンポジウムを開催 （2014年1月）

政府の予算編成は通常、6月中旬に「予算編成の方針（骨太方針）」の閣議決定から始められ、各省庁「概算要求」の財務省による査定、政府、与党の税制調査会の次年度税制改正方針、それに経済情勢、税収見込みなどを勘案して年末に、財務省原案が作られます。それが政府予算案として年末に閣議決定され、年明けの1月から始まる通常国会に提出されて審議されます。通常は年度内に予算と税制などの関連法案が国会で成立、次年度4月から実施されます。

この時期こそ連合の政策制度実現の活動にとって、非常に重要な時期となります。「要求と提言」を基本に、連合は重点政策を絞り込んで政府や政党に精力的に働きかけて、実現を目指します。

過労死防止やパートの待遇改善などで立法

政策制度要求の取組みは、政府へ直接要請したり、政党を通じて要請したりするだけでなく、この章の冒頭に紹介したように、国会の動きに合わせて大衆的なデモや集会を開催して世論喚起することや、全国的な署名活動や地方議会への働きかけなども合わせておこなって、具体的な成果をめざします。

1995（平成7）年1月の阪神・淡路大震災を契機に「**被災者生活再建支援法**」ができ、2011年の東日本大震災ではたいへんこの法律が役立ちましたが、この法律は連合や地域団体とのタイアップや署名活動などの運動が成功した例です。自然災害による被害は自助努力が原則とされて、支援制度はありませんでしたが、連合や兵庫県、全労済グループ、日本生協連の4者が「自然災害被災者支援促進連絡会」を発足させ、2500万人の署名を全国で集めて国会議員や政党に働きかけ、共産党を除く6党合同の議員立法で成立したのです。

2014（平成26）年6月には、「**過労死防止等対策推進法**」が国会で成立しましたが、連合などの長年にわたる粘り強い各政党、各議員への働きかけが功を奏して、全会一致で可決されたのです。連合の古賀会長は自民党ワーキングチームのヒヤリングにも出席して、意見を述べています。

●**被災者生活再建支援法**
地震など大規模自然災害被災者の生活再建のための支援金を国から支給する制度。東日本大震災では手続きが簡素化され、1世帯最高300万円に増額された。

●**過労死防止等対策推進法**
過労死をなくし、仕事と生活の調和を目的とし、「国の責務」として、対策大綱の策定、年次報告の提出、厚生労働省内に防止対策推進協議会の設置、防止啓発月間の設定、財政上の措置などを規定している。

同じ年の3月に成立した「改正雇用保険法」は、非正規労働者のキャリア・アップや早期再就職につながるよう、教育訓練給付制度を拡充する内容ですが、これは労働政策審議会の雇用保険部会で連合代表も入ってまとめた法律案要綱が法律となったものです。

さらに、4月に成立した「**改正パートタイム労働法**」では、パートタイム労働者の待遇改善につながる改正が行われました。労働政策審議会での連合委員の発言ばかりでなく、「STOP THE 格差社会！ 暮らしの底上げ」キャンペーンの展開などで、審議会への意見反映や運動を続けてきた結果が、法改正につながりました。連合は「改正はパート労働者の均等・均衡待遇の確保へ向けた一歩前進であり、連合の主張が一定程度反映されたものとなっている」と評価しました。

●改正パートタイム労働法
職務内容、人材活用の仕組みが同一であれば、賃金、教育訓練などすべての待遇について正社員と差別することが禁止された。正社員と違う待遇をする場合は、職務内容、人材活用の仕組みに合理性が求められる。

公契約条例の制定でも、着実な前進

連合が地方連合会と協力して運動を進めている活動の一つに、地方自治体での「公契約条例」の制定の促進があります。国や自治体は実施する事業について民間業者と契約する際に、適正な価格水準を求め、業者のダンピング競争の行き過ぎで、労働者へのしわ寄せや、住民サービスの低下を防止することなどを目的とした条例です。最近は医療事務、保育園など幅広い分野での民間委託も急増していますから、適正価格が維持されることは非常に重要です。

連合は各地の自治体や議会に働きかけて公契約条例の制定を進め、２００９年に千葉県野田市で日本での第１号の条例が制定されました。これを皮切りに、２０１４年までに、東京の足立、千代田、世田谷の各区や福岡県直方市、さらに長野県、奈良県など県レベルも含め、全国20近い自治体で制定されています。

連合奈良主催の「公契約条例制定を目指す奈良県シンポジウム」（2012年6月）

このほか、２０１６（平成28）年から、国民の祝日に8月11日が「山の日」として加わることになっていますが、かつて連合は、「海の日」の祝日化を求めて実施された１０００万人署名運動に参画し、その実現に大きな役割を果たした例もあります。海運・造船などの労使双方が始めた運動を強力に後押ししました。連合はこのような活動で次に、５月１日のメーデーを国民の祝日とする運動を計画しています。

政策制度要求、7つの柱

それでは、2014~2015年度の「政策・制度　要求と提言」には、どのような要求が盛り込まれているのでしょうか。まず冒頭に東日本大震災からの復興・再生に向けた政策として、「雇用創出を視野に入れた復興計画の実現」と「働くことを軸とする安心社会」の実現に向けた政策を掲げた後、連合として「継続的に取り組み実現をめざす政策」として次の「7つの柱」のほか、「横断的な項目」4項目を示しています。

1．持続可能で健全な経済の発展
デフレから早期に脱却し、経済を持続的な成長軌道に復帰させるためにも、雇用の創出、雇用の質の向上などの施策運営を求める。

2．雇用の安定と公正労働条件の確保
仕事の価値に見合った所得の確保、ワーク・ライフ・バランス、ディーセント・ワークの実現をめざし、質の高い雇用の創出で「**分厚い中間層**の復活」を実現する。

●**分厚い中間層**
民主党政権の野田首相の「分厚い中間層の復活」の言葉で有名になった。1970年代には日本国民の大部分が「中流階級」意識を持っていたが、終身雇用や年功賃金の崩壊、非正規労働者の増加で格差が拡大、中間層は細っている。

3. 安心できる社会保障制度の確立
社会的**セーフティー・ネット**の構築、安心・安全の医療・介護サービスの提供と真の「皆保険・皆年金」を確立し、子ども・子育ても含む「全世代支援型」社会保障制度を構築する。

4. **社会インフラ**の整備・促進
人口減少・高齢社会に対応し、生活者にとって暮らしやすい社会資本の整備をはかる。

5. くらしの安心・安全の構築
「経済・雇用」と「環境」の両立できる社会の実現をめざし、食の「安全・安心」を確保、消費者行政を強化する。

6. 民主主義の基盤強化と国民の権利保障
男女共同参画社会基本法に基づく施策を推進、男女平等社会の実現をめざす。

7. 公正なグローバル化を通じた持続可能な社会の実現
世界のすべての労働者がディーセント・ワークを確保できるような「公正なグローバル化を通じた持続可能な社会の実現」をめざす。

●**セーフティー・ネット**
事故や災害など予期しない出来事や事柄に備え、用意される制度のこと。連合は社会保険・雇用保険制度の機能強化（第1のネット）、就労支援・生活支援（第2のネット）、健康で文化的な最低限度の生活の権利保障の給付（第3のネット）、住宅支援、医療・介護費補助（第4のネット）という4つのネットの重層的整備を要求している。

●**社会インフラ**
道路、港湾、空港、上下水道や電気・ガス、医療、消防・警察、行政サービスなど、生産や国民生活の基盤となる公共施設のこと。

「女性が輝く社会」は安倍さんの専売特許ではなかった

「連合千葉・非正規労働者集会」に出席、参加者の女性の発言に耳を傾ける古賀会長
（2014年1月、千葉市）

これらの他に、横断的な項目として「男女平等政策」、「中小企業政策」、「非正規雇用に関わる政策」、「地方分権・地域活性化に関わる政策」の4項目をあげています。

このうちの「男女平等政策」を見ると、2020年までに指導的地位に女性が占める割合30％の達成に向けて、国が率先して**ポジティブ・アクション**を導入して、「国の本省における課長や室長相当職以上に占める女性の割合を2015年までに5％とする」、「都道府県本庁課長相当職以上の女性比率を2015年までに10％を達成する」、「女性の政治への積極参加に向けて、政党交付金を女性議員の割合に応じた傾斜配分とする」、「女性医師の割合を30％に増やすことをめざし、女子学生の医学部進学を支援し、女性医師の就労環境の改善を行う」などの具体的な要求

●**男女共同参画社会基本法**
男女が互いに人権を尊重しつつ、能力を十分に発揮できる社会の実現のために、その基本理念と施策の方向を定めた法律。1999年6月制定。

●**ポジティブ・アクション**
働くことや仕事に対する意欲の高い女性を積極的に登用し、能力を発揮してもらおうという企業の自主的な取り組みや制度のこと。

をしています。民間企業についても、「2020年30%」の周知徹底をはかり、ポジティブ・アクションの導入を政府が指導することを求めています。

政府が2014(平成26)年6月に閣議決定した「日本再興戦略」の目玉の一つに、「女性が光り輝く社会」を掲げており、マスコミが取り上げて脚光を浴びていますが、連合の「政策・制度 要求と提言」の男女平等政策では同じ政策を、相当に具体的な要求として、とっくに掲げているのです。「女性が輝く社会」は何も、安倍首相の専売特許ではなく、連合はずいぶん前から取り組んでいるテーマなのです。

「東日本大震災からの復興」と「働くことを軸とする安心社会」の実現

先にも触れたように、政策制度の「要求と提言」の大きな柱には、東日本大震災からの復興・再生に向けた政策と、「働くことを軸とする安心社会」の実現に向けた政策があります。このうち、東日本大震災に関しては「震災からの復興・再生を成し遂げることが日本再生の最重要課題」と位置づけて、被災者の生活再建、被災地の産業再生と雇用創出を連動させ、東京電力福島第一原子力発電所事故によって重大な影響を受けた福島県については、災害廃棄物処理・除染と安全・安心のまちづくりを迅速に進める必要を強調しています。

●「働くことを軸とする安心社会」第2章 51～54ページ、および巻末資料を参照。

また、「働くことを軸とする安心社会」は、連合が目指す社会として２０１０（平成22）年12月に提起し、２０２０（平成32）年までの実現を目指しています。その実現のために、翌年には「新21世紀社会保障ビジョン」と「税制改革大綱」などの中期政策も取りまとめ、これを含めて包括的な政策（政策パッケージ）として、新しい「要求と提言」（２０１４～２０１５年度）に盛り込みました。その全体像は**第2章53ページの図**に示してありますから、ご覧ください。

☆ Column ☆
東日本大震災で“助け合い”を実践

困った時に頼りになり、拠りどころになれる―、これこそ労働組合が持っていなければならない労働運動の原点です。連合につながる日本の労働運動のルーツ、鈴木文治の「友愛会」は共済的活動からスタートしました。だからこそ、連合は日頃から、協同組合や共済組合と密接な連携をとっているのです。「絆」は労働組合の原点なのです。

この原点の精神は、「東日本大震災」で遺憾なく発揮されました。震災発生３日後に、連合は「救援本部」を本部に設置し、組織内・街頭のカンパ活動を展開して、集まった計約30億円の義捐金は被災支援資金として活かされました。直後から始めた岩手・宮城・福島３県への救援ボランティア派遣は参加人員約6000人、延べ約３万5000人にもなりました。

「一人ひとりの力は小さいけど、組織として結束して動けば大きな力となることを実感した」と、活動を終えた参加者の誰もが実感しました。被災地の住民などから受けた高い評価とともに、参加者のだれもが、被災地を離れる際には、満ち足りた表情になっていました。労働運動の社会的責任を担うとともに、「地域に顔の見える運動」の実践として、これからの運動への貴重な経験になったことでしょう。

連合がまとめて提起した社会の姿は、〝働くこと〟に最も重要な価値を置き、働く人一人ひとりが自立し支え合うことを基礎に、だれもが公正な労働条件のもとで多様な働き方を通じて社会に参加できるという社会です。そのような活力にあふれ、自己実現に挑戦できる参加型社会を、連合は「働くことを軸とする安心社会」と呼んでいます。その実現のための具体的施策として、連合は働く人の視点に立った5つの「安心の橋」を架ける運動に取り組んでいます。

5つの橋に共通するキーワードは、「ワーク・ライフ・バランス」と「ディーセント・ワーク」といってよいかもしれません。

「ワーク・ライフ・バランス」とは、文字通り「仕事と生活の調和」のことですが、2007年（平成19）年に政府、知事会、連合、経団連、日本商工会議所、それに有識者で構成された「仕事と生活の調和推進官民トップ会議」が合意して、「仕事と生活の調和（ワーク・ライフ・バランス）憲章」が策定され、様々な取り組みが進められています。

また、「ディーセント・ワーク」は、21世紀のＩＬＯ（国際労働機関）の理念・活動目標とされ、「働きがいのある人間らしい仕事」と訳されています。ＩＬＯのソマビア事務局長が、1999年の第87回ＩＬＯ総会で打ち出しました。

その概念が実現された労働が、社会を生き生きと活性化させるだろうことは、だれにも容易に想像できることでしょう。そのような社会は、同時にきっと、イノベーションを生み生産性を高めることにつながるはずです。

審議会は労働組合の意見反映の重要な場面

さて、これまで連合の政策制度の取組みについて、連合自身の組合活動と地域との連携や大衆的行動、それに民主党を基軸とした政党との連携を強調してきましたが、労働者の考えや要望を国の政策に反映させる重要なルートに、**審議会**の活用があります。連合は日常的に政府各省との密接な意見交換、要望を行っていますが、労働者の労働に直接影響する政策をつくる厚生労働省との協議は極めて重要です。労働関係の法律はもちろん、厚生労働省でまず検討がされ、作成された法案が閣議了解を経て国会に提出されます。

労働関係の法律や政策は原則、公労使（労使双方の代表と公益を代表する委員）の3者構成の審議会で協議されます。いろんな審議会があるうち、労働者にとって最も重要なのは労働政策審議会です。労働代表として連合からは、事務局長、副会長（産業別組織代表）など10人が正委員として任命されています。

労働政策審議会の本委員会のもとには、労働条件、安全衛生、職業能力開発、職

●**審議会**
国や地方自治体などが、広く各層の意見や考え方を聞いて行政や法律に反映させるため設けられる。労働行政に関しては、公益側、労働者側、使用者側三者の代表で構成される。

連合香川は自転車で県内の町から町へキャンペーン（2014年11月「労働者保護ルール改悪阻止全国リレー」）

業安定、勤労者生活、雇用均等の各分科会があり、それぞれの分科会にはさらに部会が置かれています。連合や加盟組合から委員、臨時委員、参与、理事などの肩書で参画しており、問題によっては、激しい議論の応酬が行われます。公益委員の多くは専門分野の大学教授が就任しますが、労使が激しく対立して議論が動かなくなることもしばしばです。そのような場合、公益委員が労使の調整役に回ることも少なくなく、それでも折り合いがつかない場合には、公益委員が一定の方向の決断を下すこともあります。

さきに、最近成立した法律のいくつかを示しましたが、労働政策審議会での激しい議論を経て国会に法案として提出され、成立したものです。

どの審議会もその結論が、法律や国の政策の基本となるだけに、労働側、使用者側の双方にとって、たいへん重要な意見反映の場なのです。同時に、貴重なデータや情報を得る機会ともなります。連合代表が参加している審議会には労働政策審議会のほかに、主要なものだけで税制調査会、社会保障審議会、総合エネルギー調査会、産業構造審議会、法制審議会、中央教育審議会、衆議院選挙制度調査会などがあり、加盟産業別組織を含めた連合から出している委員が就任しているポストは、延べ２４０にもなります。

労働組合と政党との関係

ここで、誤解を招かないように、労働組合と政党との関係について触れておきましょう。

まず、労働組合は政党でも、政治団体でもないということです。労働組合法は第２条の冒頭で「労働組合とは」とわざわざ断って、「労働者が主体となって、労働条件の維持改善その他経済的地位の向上を図ることを主たる目的として組織する団体又はその連合体」と規定しています。さらに、第２条の４で、「主として政治運動又は社会運動を目的とするもの」は、この限りでないと、政治団体や社会運動団体との区別を明記しています。

これに対して政党とは、政治的な主張、政策を実現させるために同じ考え方、目的を持った集団で、最終的目的は政権獲得にあります。政治権力を獲得する手段は、民主主義社会では公正な選挙であり、政治的主張の場は主として国会（議会）ですが、歴史的には革命によって政権奪取の例は数多くあります。労働組合が目的とする「労働条件の向上と勤労者の経済的地位向上」とは歴然と異なり、組織の運営には相互不介入の原則を守らなければならないのは当然です。

日本で長い間、労働組合の離合集散の時代が続いていたのは、特定政党が労働組合を支配したり介入したりして、左翼的階級イデオロギーによる運動が続いたからです。極端な例では、労働組合を政権奪取や革命の先兵と見る政党も、ごく最近まであありました。

☆ Column ☆
ワークルール検定

「団結権が憲法で保障されている」ことを、あなたは知っていますか？　そんな質問をしたら、「人をばかにするな！」と叱られそう…。でも今、日本人の21.7％しか知らないのです（ＮＨＫ放送文化研究所の調査）。しかもそれは、1973（昭和48）年に比べると、半減しているそうです。

そこでというわけでもないでしょうが、2013年に「ワークルール検定制度」が創設され、２年目の2014年６月の検定に全国７会場で約1000人が受験しました。

職場のトラブルの多くは、企業側、労働者側の双方が、働く時に必要な法律や決まり、つまりワークルールの知識がないことが原因です。働く者が自分や仲間を守って、働きやすい職場づくりをするために、あなたも挑戦してみては如何でしょう。もちろん、管理職の人にも役立つこと必至です！

「相互に独立・不介入の関係」を何時も心に

政策制度の実現には、政党、ことに民主党と密接な連携のもと、それによる成果が上がっていることは、理解していただいたと思います。勤労者の生活向上が政治や行政の施策と深く関わり合っているのですから、それ自体は当然といえます。それでは、労働組合は政党や政治家と、どのような関係を築いていくのが良いのでしょうか。

連合幹部と民主党役員との意見交換会
（2013年3月）

連合はこの点について、政治方針で「労働組合としては、税制・社会保障・経済政策・産業政策など、政策課題の実現のためには、支持・協力関係にある議員や政治勢力・政党を通じて解決を図る」と記述しています。同時に、「自由・公正・友愛の理念にたつ政治勢力の拡大・強化に努力し、選挙活動では積極的な活動を展開」するとも書かれています。

1999（平成11）年以来連合は、政党との関係について、〝民主党基軸〟を政治方針に掲げ、「支持・協力関係にある政党」を民主党として連携を深めています。連合が2020年までに構築することを目標にしている「働くことを軸とする安心社会」についても、「目的と政策を共有する政党および政治家との協力関係を重視し、積極的に政治活動を推進する」と述べています。連合は、自民党も含め与野党を問わず必要に応じて政策協議を行ってはいますが、とりわけ多くの政策を共有する民主党との政策協議を重視して、国会を通しての政策実現に期待を寄せているわけです。

連合には「組織内議員懇談会」があります。加盟産業別組合出身の議員や候補者で構成され、2014年10月の時点で衆議院13人、参議院22人の計35人が参加しています。当然、連合やその候補の出身組合は、選挙戦

☆ Column ☆
労働組合出身の外交官

連合の加盟組合から、海外の日本大使館駐在のアタッシェ（外交官）が毎年、派遣されていることをご存知でしょうか。2014年にも5人（中国＝UAゼンセン、タイ＝電力総連、イギリス＝電機連合、アメリカ＝基幹労連、ザンビア＝サービス連合の各組合役員や組合員）が派遣されました。

海外派遣アタッシェの第1号は、1981（昭和56）年にバンコクの在タイ大使館へ派遣された髙木剛氏（当時のゼンセン同盟）です。髙木氏はその後、連合会長になりました。以来、30年以上にわたって脈々と続いています。

任期は3年間で、現地で外交官としてODAや経済分析、広報文化活動などに従事しますが、150人近くになった外交官経験者の存在は、連合の活動の幅を広げる大きな〝財産〟となっています。

に全力を投入します。

　この点では、アメリカのＡＦＬ・ＣＩＯ（米労働総同盟・産業別組合会議）は民主党、ドイツのＤＧＢ（独労働総同盟）は社民党、イギリスのＴＵＣ（英労働組合会議）は労働党と、それぞれに伝統的な支持・協力関係を保っています。

　しかし欧米では、組合員の多くが自分の判断で、自発的にそうした政党の党員となり、党費も自分で納めるということが基本です。そうした組合員の積み上げの結果で、労働組合と政党との支持・協力関係が形成されているという点で、日本の組

☆ Column ☆
メーデーは5月？ それとも4月？

　メーデーは1986年、アメリカのシカゴで8時間労働制を要求して、5月1日に労働者がデモをしたのが起源です。日本の最初のメーデーは1920（大正9）年、人が集まりやすい日曜日の5月2日に開催されました。場所は今の上野公園の国立科学博物館のある辺り、当時は竹の台と呼ばれていた「両大師前広場」の原っぱでした。翌年は芝浦埋立地に移り、5月1日開催となりました。

　以来、毎年開催されたメーデーも、1936（昭和11）年の「2･26事件」を口実にした軍国主義、思想統制の高まりで禁止され、労働運動も冬の時代に突入。復活したのは戦後の1946（昭和21）年の第17回メーデーでした。

　でも、連合は2001（平成13）年以来、連休のさなかでは人が集まりにくいという理由で、5月1日の開催をやめて4月29日や土曜日に開催しています。2014年の第85回メーデーは4月26日（土曜日）に代々木公園で行われました。

　“人が集まらない”という事情は第1回と今は同じです。でも、当時とは社会環境や事情が逆。友愛会の鈴木文治がもし生きていたら、どんな感想を述べるのか、聞いてみたいデスネ？

合の政党支持とは大分違います。日本では党員となる組合員は極めて少なく、結果として労働組合の機関決定に頼らざるを得ないという実情があります。

日本の方式は政党との関係の区分が明確になりにくいという、構造的問題を内在しているといえます。ですから、政治方針に明記されている「相互に独立・不介入の関係にある」ことを、とくに政治を担当する役員や関係者はひと時も忘れてはならないと、常に肝に銘じておく必要があります。

第5章

賃上げなどの労働条件の向上

春季生活闘争・先行組合回答状況について記者会見する神津事務局長（2014年3月）

15年ぶりに春闘賃上げ率が反転上昇

働く者にとって、賃金は労働条件の中でも、最も関心のあることです。その賃金で自分自身の生活はもちろんのこと、家族の生活を維持できるかどうかはとても大事です。たまには旅行くらいは楽しみたい…、子どもの教育や老後に備えて多少の蓄えもしたい…、このように思うのは、しごく当たり前です。だれもがそんな、ささやかな願いを叶えてくれるような賃金を期待しながら働いているのです。

しかし、その賃金を労使で一斉に決める春闘の賃上げ率を、厚生労働省の集計で見ると、１９９８（平成10）年以降、毎年下がり続けて、２００２（平成14）年からは1％台で推移するという低迷を続けてきました。その結果、同省の毎月勤労統計調査結果に表れた労働者の毎月の月給額は下がり続けました。日本の経済が20年間ものデフレに陥るなかで、日本の労働運動は賃金に関する限り、労働者の要請に十分に応えられませんでした。

それが２０１４年**春闘の賃上げ結果**が、厚生労働省の集計で２・19％、６７１１円（前年比０・39ポイント、１２３３円増）に、これまでの流れを反転させました。２００１年以来、なんと14年ぶりの２％台回復でした。連合の集計では２・07％、５９２８円、経団連の集計でも２・28％、７３７０円と、いずれも２％台の増加と

●春闘賃上げ結果
厚生労働省が資本金10億円以上で従業員１０００人以上の労働組合がある企業約３１０社の定期昇給を含めた賃上げ額を集計した加重平均。一般に春闘の賃上げ結果はこの数字が使われる。連合の集計は中小も含めた５４４２組合の集計という事情でやや低く出る。これに対し、経団連は東証１部上場の大手企業１８７社の集計で、高い数字となる傾向がある。

連合春季生活闘争　平均賃上げ回答集計推移［1989-2014］

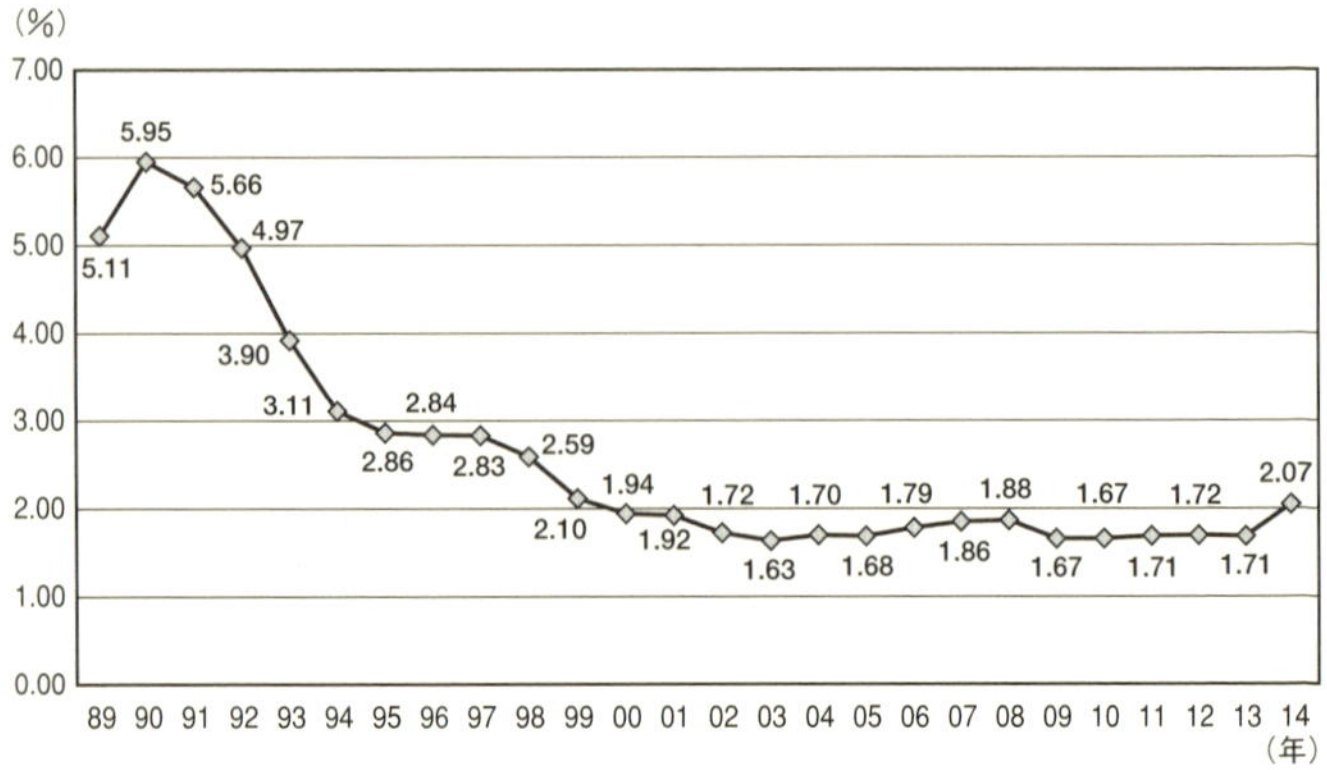

なりました。厚生労働省の集計と数字が違うのは、集計対象の企業がそれぞれに異なるためです。

しかし、いずれにしても14年ぶり（連合は15年ぶり）に2％台に乗ったということでは同じ傾向を示しており、賃上げの反転を強く印象付けました。ただ、4月からの消費税3％の引き上げで物価が上がったので、実質賃金の増加とまではいきませんでした。

このような2014年春闘の賃上げ結果について連合は7月に、「これまで長きにわたり一定水準に張り付いていた賃金レベルそのものを具体的に引き上げることができた。デフレからの脱却に向けた一歩といえる」と総括、ようやく暗いトンネルの先に小さな明かりが見えてきた春闘結果に安堵感をにじませました。**上のグラフ**は、連合集計による平均賃上げ率の推移ですが、官民統一大会で「連合」が結成されて以来、賃上げ結果がほぼ一貫して下がり続けてきました。それだけに、その思いはひとしおだったでしょう。

格差を縮小させ、日本の高度経済成長にも貢献した春闘

さて、春闘は1955（昭和30）年の〝**8単産共闘**〟から始まりました。それまでは産業別組合が春や秋にバラバラに行っていた賃金闘争を、春の同時期に集中して、一斉に要求を会社に提出、ストライキなどの闘争も歩調を合わせて行うことにしたのが春闘です。

この共闘の呼びかけをし、春闘生みの親といわれた当時の合化労連委員長の太田薫氏は、「暗い夜道をみんなでおててつないで渡る」のが春闘だ、と分かりやすい表現で説明しました。その言葉のとおり、春闘は同じ時期に、ほぼ共通の賃上げ要求を一斉に提出して、同一時期に交渉し、争議戦術なども統一して同一時期に妥結することで、「春闘相場」をつくるという戦術です。どの企業、どの産業でもほぼ同額の横並び賃上げで収拾するというところに特徴がありました。

日本経済はちょうどその頃から高度成長時代を迎え、この春闘方式は非常に効果

●**8単産共闘**
55年春に合化労連の呼びかけで、炭労、私鉄総連、紙パ労連、電産、全国金属、化学同盟、電機労連の8単産が共闘して賃上げ闘争を行った。

的に機能しました。賃上げの同額決着によって形成された春闘相場にそろえて、他の産業や企業でも回答しました。高度経済成長時代はどの産業にも、また大企業にも中小企業にも成長が行き渡る状況だったので、春闘相場に沿って横並び回答をしても、企業はそのコストを容易に吸収できたからです。

連合と経団連とのトップ会談
（2014年2月5日）

賃上げが過剰だと普通、インフレを招きますが、春闘方式では賃上げが世間相場で決着していくので、過剰な賃上げとはならず、だからインフレを加速することもありませんでした。相場に沿った賃上げは、相対的に賃金の低い労働者や中小企業の所得格差を縮小させました。その結果、**中間層**が拡大して消費ブームが巻き起こり、消費主導の経済成長に大きく寄与したのです。つまり、春闘方式の賃上げは労働者の生活レベルの向上と格差是正に大きく貢献したばかりか、日本の経済成長を健全な形で発展させる役目も同時に果たしたのです。

●**中間層**
一般的には年収400万〜700万円の所得階層を指し、28・1％（厚労省2010年国民生活基礎調査）を占める。雇用が増えても、その多くが非正規のため格差の拡大が指摘される。民主党・野田政権は「分厚い中間層の復活」による景気回復を主張した。

〝一億総中流〟が崩れ、〝ワーキング・プア〟を生む

「STOP THE 格差社会！暮らしの底上げ実現 5.27 中央総行動・全国統一集会」（2014年5月）

このような情勢のもとで続いた2ケタ賃上げは、1973（昭和48）年のオイルショックを契機にして、日本の高度経済成長は終わりをつげ、低成長時代入りとともに賃上げ率は1ケタ台の半ば前後に低下しました。さらに1991（平成3）年のバブル崩壊で日本経済は大きなダメージを受け、その後は2％台にまで低下しました。そして、1990年代半ばからデフレ状況に陥った日本経済の下で、春闘要求や回答からも、「ベア」の声がほとんど聞かれなくなり、最近の15年ほどは**定昇**程度で我慢を強いられてきました。

デフレ経済の下で労働者を取り巻く環境は一層厳しい状況となりました。企業は東南アジアを中心に相次いで工場を海外へ移転して、国内は雇用の空洞化で失業率が一時は5％を超えるほどになりました。そればかりか、人件費削減に走った企業はパート、派遣、アルバイトなど、低賃金

●「ベア」と「定昇」
ベアは「ベースアップ」、定昇は「定期昇給」を省略した用語。定昇は就業規則などに実施が規定されていて、制度として毎年一定時期に行われる昇給。これに対して、ベアは労使交渉などの結果によって、個別の賃金水準を改定（賃金表の書き換え）することをいう。

で解雇しやすい、いわゆる不安定で低賃金・低処遇の**非正規労働者**（コラム参照）を増やしました。１９７０（昭和45）年代に〝**一億総中流**〟といわれた日本は今

☆ Column ☆
非正規労働者

直近の労働力調査（2014 年 10 月）によると、非正規労働者は 1980 万人にのぼり、前年同月に比べ 16 万人も増えています。雇われて働く雇用者（役員を除く）全体 5279 万人のうちの 37.5%も占めます。この比率は毎年ほぼ１%ずつ上昇しています。

非正規労働者というのは、文字通り「正規に非ず」の意味で、正社員以外のパート、アルバイト、派遣、契約、嘱託などがそれに含まれます。この中で多いのはパートで 958 万人、全雇用者の 18.2%になります。その他のアルバイトは 7.6%、契約が 5.7%、派遣が 2.4%、嘱託が 2.2%です。非正規というと派遣をまず思い起こす人が多いようですが、その数は 127 万人です。

正社員は定年までの雇用が保障される代わりに、どんな仕事をするか、転勤・配属も残業も会社にいわれるままで自由度があまりない特徴があります。これに対して非正規は雇用期間が１年とか２年に限定されていて不安定ですが、仕事も労働時間も契約で事前に決まっており、自由度は高いといえます。しかし、最大の問題は正規と非正規の間の、賃金に代表される処遇の格差が極端に大きいことです。

産業労働調査所の 2011 年調査によると、正社員と比較した非正規の基本給水準は、同じ程度がわずか14%で、８割以上～10 割未満が 23.3%、６割以上８割未満が 29.0%、４割以上６割未満が 15.0%となっています。６割から８割程度の差が普通の状況です。不安定で低処遇、それゆえに日本の格差問題の象徴といわれるのです。

安倍政権は消費税の 3%アップ後の消費の低迷で、2015 年 10 月に予定していた 2%の再増税の実施を見送りました。2014 年の久しぶりの 2%台賃上げも、非正規労働者には十分に行き渡らないため、経済回復が順調に進んでいないためです。

雇用格差が今や、経済に変調を来す要因になってきました。格差の根本的解決には、オランダの「ワッセナー合意」以降に政府が実施した施策に見習って、同一労働同一賃金を徹底して雇用形態による差別の解消を、労使で真剣に検討しなくてはなりません。(オランダのワッセナー合意については、137 ページのコラムを参照)

●一億総中流
内閣府の「国民生活に関する世論調査」で１９７０年代以降、自らの生活水準を「中の中」、または「上」「下」とする回答が９割を超え、そのようにいわれた。

や、年収200万円以下の〝ワーキング・プア〟と呼ばれる層が1000万人を超えるなど、格差が大きい国といわれるようになりました。

春闘を今後、いかに機能するようにパワーアップしていくのか—、これは連合が結成されて以来の課題です。働く者の労働条件と生活を守り向上させるという、連合の大きな役割は、これに答えを出さない限り果せないといって過言ではありません。

賃金・労働諸条件と政策制度の実現を車の両輪に

さて、この章ではこれまで、「春闘」という用語を使って来ました（新聞、テレビでは今も春闘と表現しています）が、連合が正式に使用しているのは、「春季生活闘争」であり、これ以降はこの呼び方で、書き進めていきます。

「春季生活闘争」と連合が呼ぶことにしたのは、まず、春闘という言葉には賃上げ闘争のイメージが強く、闘争の全体像を表していないということがあります。春季生活闘争が課題としているテーマは賃上げだけではなく、労働時間や福利厚生など、その他多くの労働条件があります。同時にこれまでの章で説明してきた政策制度要求を〝車の両輪〟にして、働く者全体の生活を総合的に向上させていくのが連合の目標であり、また闘争の実態だからです。

●ワーキング・プア　働いているのに、それで得られる収入が、生活に必要なものを購入できる最低限の収入（貧困線）以下の世帯（人）のことをいう。2009年の厚生労働省の調査では、子供のいる現役世帯の貧困層は14・6％で1985年の10・3％から、経年的に上昇している。

働く際に普通に念頭に置く「労働条件」には、どんなことが含まれるかを考えてみましょう。ただ単に賃金だけに限りませんよね。労働時間の長さ、残業した際の割増賃金率、有給休暇や年間の休日・休暇の日数やその取り易さ、万が一病気やケガで休まなければならない時の賃金や休日の保障…等々、さまざまなことを考えるはずです。当然、他の会社ではどうかな？　などと比較してみる人もあるでしょう。一般の水準はどうなんだろう、と世間相場も気になります。女性なら男女均等の処遇がされている会社かどうかは、たいへん気になることです。

パート労働であれば、正社員に比べてどの程度の賃金がもらえ、一時金はあるのか、有給休暇や休日・休暇が法律どおり取れるのかどうか、正社員と同じように技能教育・訓練を受けられるのか、福利厚生施設の利用ができるのだろうか、希望すれば正社員になれる機会が保障されているかどうか…、現状ではだれにとっても重大な関心事です。

「あの会社は働きやすい会社だ」などと、耳にしたことはありませんか。その場合、賃金の高さばかりではなく、その会社の慣行や制度も含めた総合的な労働条件をイメージしているのではないでしょうか。このような労働条件に関連する事項で、それぞれの労働組合が改善しなければ、と考えたいろいろな課題を春の時期に一斉に取り上げ、総合的に労働条件を守り向上させようと交渉しているのが、今の春季生

●企業内最低賃金協定
日本の公的な最低賃金は県単位の地域最低賃金だが、企業内で労使が協定で決める最低賃金制度。組合員だけに適用という場合もあるが、その企業で働く全労働者という例もあり、非正規労働者の待遇改善にも有効。連合は締結促進を方針にしている。

活闘争なのです。

総合的に働く者の生活を向上させるために、狭い意味での賃金・一時金、労働時間、諸手当などの労働条件だけではなく、**企業内最低賃金協定**、労働関係の法令順守や安全・快適な職場づくりのための**ワークルール**など、幅広い項目で交渉を進めるのが、春季生活闘争の最大の特徴です。

「"生涯"ハケンで"低賃金に異議あり！"」と厚生労働省前で、労働者保護ルール改悪に反対集会　（2014年1月17日）

このような個別的な労働条件ばかりではなく、包括的にパートや派遣など不安定な状況の非正規労働者の処遇や、働く者にかかる税金について、制度として改善して行くためには、新法を制定するとか、または現在の法律を改正するなどしないと実現できません。

ですから春季生活闘争では、そのための制度政策を実現させるために、政府や政党、団体へ働きかける活動の強化を行いながら、一方では賃金・労働時間など直接的な労働条件向上の交渉を行なうことを、「車の両輪」として同時に展開される

●ワークルール

どの職場にも労働基準法を始めとした労働関係法規が適用されている。非正規労働者には労働契約法、パート労働法は特に重要で、企業に法律を順守させる取り組みを、連合は重視している。法律を無視して働かせる会社が"ブラック企業"と呼ばれる。

のです。

総評時代にも70年代から「国民春闘」という呼称に変えて、賃金のほかに国の制度や企業内の諸要求を含めた闘争に性格を変えようと指向したことがあります。しかし、実際には政治色を強めた闘争になっただけでした。

ちなみに、当時の同盟は「賃闘」（統一賃金闘争）と呼んでいました。1987（昭和62）年に民間連合が発足した際、山田精吾初代事務局長が、初めての春の闘争で、総評も同盟も使っていない「春季総合生活改善の取組み」を正式名称として使い始めました。その後、略して「春季生活闘争」という呼称が定着しました。

底上げ、底支え、格差是正を三本柱に2014闘争

2014年の春季生活闘争では、連合は働く者を取り巻く格差拡大などの問題を、単に雇用や労働分野の問題というより、広く社会問題としてとらえて、「底上げ」「底支え」「格差是正」の三本柱を旗印に、すべての働く者の処遇改善を目指して展開されました。正規労働者と非正規労働者の違いや、労働組合に加入しているか否かにかかわらず、格差が拡大する現状を広く社会問題としてとらえようという判断です。そして、〝すべての組合がすべての働く者のための運動〟を合言葉にして、賃

●賃金カーブ維持相当分
日本の賃金は基本的には年功で次第に上昇する体系となっている。年功賃金は崩れたといわれながらも、40歳後半から50歳程度までは上昇している。連合はこれを重視、2014年要求では厚労省の賃金データから、「1年・1歳間の差は5000円」を目安として示した。

上げについては「定昇・**賃金カーブ維持相当分**（約2％）にプラス1％以上の賃上げを求める」という方針で春季生活闘争に臨みました。

また、「個人消費の拡大によるデフレ経済からの脱却」と「**経済の好循環**の実現」をはかるためには、経済成長に見合った所得向上は重要なステップで、すべての組合が月例賃金の引き上げに徹底的にこだわって交渉するよう、連合は加盟各組合を指導しました。

2014春季生活闘争の中央討論集会

その結果が、14年ぶり（連合集計では15年ぶり）に賃上げ率の2％台を回復し、低迷の続いた春の賃上げ率の反転につなげる成果となったのです。連合加盟の組合で賃金回答につなげた組織は、5861組合、組合員数では417万人に上り、久しぶりに日本の労働者に〝賃上げの風〟を吹かせる原動力となりました。

交渉で定昇とベアの回答を獲得した組合は、前年の4倍にもなる2400弱にも上りました。企業内最低賃金（18歳組合員の月額）については、379組合が協定改定で妥結、引き上げ額は1477円（前

●経済の好循環
賃上げで国民の懐が豊かになれば、消費が拡大し、企業は生産を増やし、設備投資も行う。この結果、生産性が向上して経済全体が拡大、持続的な経済成長をもたらす。経済成長はさらなる賃上げをもたらすという好ましいサイクル（循環）となっていくことをいう。

年引き上げ583円）と、前年の3倍近い引き上げに成功しました。一時金についても、組合員一人当たり平均（加重平均）の年間月数で4・78カ月（前年比0・29カ月増）、年間金額で153万9022円（同8万7625円増）と、前年を大きく上回る結果を出しました。

非正規労働者の時給については、組合員平均（加重）で前年の1・27円を超える11・28円引き上げ、900円70銭となりました。時間短縮に関しては、総労働時間や所定労働時間の短縮、残業の縮減、時間外・休日割増率引き上げなどで前進があり、高齢者雇用や非正規労働者を正規社員へ転換するルールを作ることに成功した組合が多くありました。

政労使が「四項目合意」で社会的責任を果たすことを約束

十分とはいえないにしろ、このように従来の賃上げの流れを変える方向で2014春季生活闘争が進んだ背景には、政府が経済の好循環実現を目的に経営者、労働界の代表の三者による**政労使会議**の開催があったことは無視できません。政府が政労使会議を提案した背景には、デフレ脱却という目標を達成するうえで、オランダの政労使による「**ワッセナー合意**」（左ページのコラム参照）を参考にし

●政労使会議
政府と労働者側代表、使用者側代表の三者によって、一定のテーマ、または包括的なテーマで行われる会議。その結論は一般的に行政の大きな指針となる。モデルは1982年のオランダの「ワッセナー合意」にある。

たと考えられます。オランダはワッセナー合意の結果、それまで苦しんでいた失業増大に歯止めをかけ、柔軟な働き方の促進で、逆に雇用増大につなげました。

会議は２０１３年９月から12月にかけ５回開催され、連合は会議で、「**トリクルダウン型**」の発想だけでは今の格差社会の現実には対応できず、社会の底上げはできない」と強調、「必要なのは**ボトムアップ型**の発想で人への投資を強化し、非正規労働者のキャリアアップのための仕組みの整備、長時間労働の是正で女性の社会進出の促進、セーフティー・ネットと所得再分配機能を強化すべきだ」と強く主張しました。

会議ではこの結果、次のような４項目の取組みを明記した政労使三者のよる合意文書をまとめました。

☆ Column ☆

ワッセナー合意

失業の増大、インフレの進行を阻止するため、オランダで政府、労働組合、経営者団体の間で、1982年に交わされた合意。労働組合が賃金上昇率の抑制を受け入れる代わり、雇用者団体は雇用確保の労働時間短縮を実施し、政府は労働者の収入減を補うために減税し、企業には社会保険料負担を軽減して雇用を維持しました。

政府はさらにその後、労働法を改正して、フルタイムとパートタイム労働者の間の時給、社会保険加入制度、雇用期間、昇進等の労働条件に格差をつけることを禁止。さらに、フルタイムからパートへ、パートからフルタイムへと、労働者が希望に応じて移行する権利を認めました。

その結果、フルタイム労働者もパート労働者も、労働時間の違いを除いては、権利義務は同一となり、日本にあるような雇用関係による処遇格差はなくなりました。この政策で、それまで家庭にいた主婦らが積極的に仕事につくようになって、女性の就業率は70.4%（2012年）と高い状況です。

この政策で、財政赤字は解消し、かつての「オランダ病」は昔話になったそうです。

●**トリクルダウン**　trickle-downとは「下にしたたり落ちる」という意味。「富める者が富めば、貧しい者にも自然に富みが浸透する」という経済理論。この理論では、大企業が好況になれば、中小企業や消費者に波及効果をもたらす。

●**ボトムアップ型**　連合が主張するように、「底上げ・底支え・格差是正」といった底辺層の人の所得改善を優先させて経済成長をすすめようという考え。トリクルダウンの対抗として主張される。

①経済の好転を企業収益の拡大と賃金上昇につなげていくことが必要。政府は所得拡大促進税制拡充などの環境整備をし、賃金上昇を経済界へ要請する。労使は各企業の経営状況に即し、十分な議論を行って、企業収益を賃金上昇につなげていく。

②中小・小規模企業でも、企業収益の拡大を賃金上昇につなげていく。企業は下請関係の取引の価格適正化に努める。

③非正規労働者のキャリアアップや処遇改善に向け、労使は正規、非正規という働き方を固定化させることなく、非正規労働者が意欲と能力に応じて正規雇用に転換できる道筋を積極的に広げる。

④経済の持続的成長には、生産性向上が必要で、その源泉となる人材育成が鍵。企業は設備投資、研究開発を積極的に行って、従業員の専門性や知識の蓄積に向けて教育訓練を推進する。女性の活躍促進の促進に向け、柔軟な働き方の実現を労使で話し合い、ワーク・ライフ・バランスの推進を図る。

政府には政労使会議に元々、安倍政権の「三本の矢」といわれるアベノミクスの推進に欠かせない賃金上昇を実現する環境をつくりたいという意図がありました。この意図を感じて連合も経団連も当初は、「労使で決めるべき賃金交渉への政府介入を許すことになる」と警戒、特に連合は参加に抵抗しました。しかし、会議の場で非正規などの格差是正を強調、合意文書にもその対策を盛り込むことができて、連合は政労使会議の成果を認めました。

そして何より、企業別交渉に移行する前に、政労使が共通して強く期待している「デフレ脱却」に向けて、政労使が社会的責任を果たすことで一致、その明確なメッセージを出したことで、賃上げ交渉の方向を一気に好転させました。

低成長経済の時代になってからの賃金交渉では従来、個別企業の労使交渉で決まるという日本の労使交渉の形態もあって、闘争をリードする産業や企業の業績などの狭い事情に左右されて、企業利益が出たら賃上げを検討するというような業績後追い型の賃上げ決定になりがちでした。だから、社会的要請やマクロ経済の流れと異なる、いわゆる「**合成の誤謬**」が繰り返され、結果的に必要以上に低い賃上げが続いてきました。しかし、２０１４春季生活闘争では政労使が一致した社会性が交渉全体を支配、流れを変えたという特徴がみられました。

●合成の誤謬
ミクロの視点では正しいが、それが合成されてマクロになると、意図しない結果を生じさせることをいう。企業業績からの判断では賃上げ抑制が正しいが、経済全体を活性化させるには、賃上げで消費を刺激した方が良い場合がある。

２０１５年は、実質４％の賃上げ要求

２０１４春季交渉のこのような結果を受けて、連合は10月の中央執行委員会で次

の２０１５闘争に向けて、「引き続き『デフレからの脱却』と『経済の好循環実現』に向けて、継続して賃金の引き上げを求めていく」として、「２％以上」という賃上げ要求を明記した「２０１５春季生活闘争基本構想」を提示し、12月の中央委員会ではそれを春季生活闘争方針として決定しました。

2015 年春季生活闘争の基本構想を発表する古賀会長の記者会見　（2014 年 10 月 17 日）

正社員には普通平均２％の定期昇給があり、これを加えると、実際には４％以上の賃上げ要求となります。２０１４年４月からの消費税８％実施（３％アップ）などで、すでに消費者物価が３％以上も跳ね上がっている現実があるので、実質賃金を確実に確保しなければという強い決意を込めた要求といえます。２０１４年闘争では２％台の賃上げを獲得したとはいえ、消費増税で実質賃金はマイナスを続けているからです。それに２０１５年は、春闘が始まって60年目という節目の闘争にもなります。

中央委員会で決定した２０１５生活闘争方針は、「賃上げ」のほかに、「時短（労働時間短縮）」と「政策制度」を掲げて、これを取り組みの三本柱としています。時短では具体的に、総実労働時間の短縮を進めるため、労働時間の管理の方法や**36協定**を点検して、その適正化を図る取り組みや、過重労働対策に有効とされている**インターバル規制**（コラム参照）の導入などを盛り込んでいます。

「政策制度」の取組みは、賃金・労働条件向上の取組みとともに「運動の両輪」ですが、２０１５闘争の具体的課題として、日本経済の健全な成長実現に向けた政

☆ Column ☆
勤務インターバル規制

一向に減らない過労死は、そのまま「カローシ」で外国でも通用し日本の恥。その原因が日本人の働き過ぎであることは､働き盛り男性（25歳～44歳）の20％以上が、週に60時間以上も働いているというデータでも証明されています。

しかしEU諸国では、1993年のEU指令で「24時間につき最低連続11時間の休息時間」を与えなければならず、日本のように残業は野放しではありません。

その日本でもようやく、情報労連傘下の通建連合の13組合が2010春闘で勤務インターバル規制の協定を締結しました。休息時間の長さは10時間から8時間の幅で、欧州に比べると十分とはいえません。でも、協定には大きな意義があります。

勤務と勤務の間の休息時間の確保は、日本の労働時間規制にはない概念です。自動車運転者の労働時間改善の大臣告示に、この概念が見られる程度です。

日本で労働時間の論議は、とかく残業割増率や残業代との関連に偏りがちです。しかし､勤務インターバル規制の概念はあくまで、労働者の健康という観点からの規制なのです。物理的、絶対的労働時間の上限規制です。労働時間に残業代などをごっちゃにした議論からは、そろそろオサラバしなければなりません。

2014年に与野党共同の議員立法で成立した「過労死等防止対策推進法」には、政府は「過労死等の防止のために必要な法制上又は財政上の措置」を講ずると規定しています。これを手掛かりに日本でもインターバル規制を広く導入、過労死の頻発という誇れない姿を、一日も早く返上しなければなりません。

●**36協定**
労働基準法は第32条で「1週間について40時間を超えて、労働させてはならない」となっている。しかし同時に第36条で、労働者の過半数を組織する労働組合、または過半数を代表する者と協定し、届け出れば、労働時間を延長できる、と規定している。

策や、社会保障・税を通じた所得再分配機能の強化を挙げています。

要求基準の決定まで、何回も討議して検討

連合は、2014年2月14日、札幌市において、「連合北海道　パート・非正規組合員・組合リーダーと古賀連合会長との交流・対話集会（クロストーク）」を開催

さて、次に春季生活闘争がどのように準備され、進められるのかについて話しましょう。次の春季生活闘争の準備に向けた議論は一般に、各組合の定期大会でその年の闘争の反省と総括を済ませてすぐの、夏過ぎからもう始まります。

2015年闘争については、9月に開催された中小労働委員会で、賃上げ要求で示される「ミニマム基準」の原案について、早くもホットな議論が展開されました。参加した組合からは、「これでは大手との格差是正にはつながらないのでは？」、「最低到達目標が初任給ではなく、標準労働者だ

とかなり低くなってしまう」など、要求水準が低いのではといったニュアンスの意見が出ました。これに対して執行部は、都道府県別最低賃金より高い数字で出ている**連合リビング・ウェイジ**を示し、「これを前面に出して行きたい」と答えました。この討議を受けた方針では、都道府県ごとのリビング・ウェイジを示して、これを「中小企業の底上げ・底支え」のための最低到達水準として設定。これをクリアすることを目指す、と決定しました。

賃上げ要求の数字を決める基準には、戦後の労働運動では「定昇分＋前年度物価上昇分＋生活向上分（または生産性向上分）」という考え方が定着しています。連合でもその原則は変わりませんが、定昇には「賃金カーブ維持分」を強調して、一定の年功に応じて賃金が上昇する賃金体系を重視しています。方針は、これにプラスしたベア2％の要求をする、となりました。その点について討論集会などでは、「各組合が状況の違いを加味できるよう幅を持たせてほしい」といった要望も出されました。中小には、業績の格差があるので、その点も考慮してほしいという意味と取れます。

2015春季生活闘争方針が決定されるまでには、専門委員会の討議、さらに10月末には中央討論集会が2日間にわたって開催され、3部会に分かれての討議が行われました。

●連合リビング・ウェイジ
生活できる賃金(living wage)のことで、アメリカで70年代から、それを求める運動が行われている。連合は04年の春季闘争から運動を進めており、さいたま市で実態調査して月額生活費の水準を設定、これを総務省の物価統計調査をもとにして、各都道府県別に月額を換算して設定している。地域算定賃金より高い数字となっている。

　この集会では、「2%以上とした要求の根拠を具体的に示してほしい」との意見に対し、執行部は「定昇相当分+前年度物価上昇分+生活向上分」の従来からの原則の説明に加えて、「底上げ・底支え・格差是正のために、実効性のある数値とすることを考えて、実質賃金、あるいは可処分所得維持を考えた」と回答。さらにミニマム基準については「連合リビング・ウェイジを活用した水準の策定を検討しており、現在の地域ごとのミニマム水準より3～5万円上回る見込みだ」と明らかにしました。

　このように何回もの討議を経て、議論がだんだんと収斂したものが、最終方針として12月の中央委員会で決定されたのです。

中小労組の交渉力を高めるために、中小企業経営分析講座を開催　（2003年10月、名古屋）

相乗効果発揮へ、いくつもの共闘連絡会議

　春季生活闘争が産業別組合の要求決定から、個別企業の要求決定、そして労使交渉の段階へ進むと、交渉の進展や成果が組合相互にいい影響を与え合って、いわゆる相乗効果が発揮されることが大事になります。

そこで、闘争の足並みをそろえ、共闘連絡会議での戦術検討と情報交換が重要になってきます。グローバル化の進展、国際競争の激化で業種や企業ごとの業績は格差が出るのが最近の実情であることから、経営側はかっての春闘のような、横並びの〝相場〟に強く反対しています。しかし、労働側としては、格差を圧縮していくためには、「社会的水準は絶対に譲れない」と主張しています。

そのような共闘組織として連合は、「業種別共闘連絡会議」「非正規共闘」「中小共闘」「地場共闘」、それに「共闘全体代表者会議」を設置しています。それぞれの業態や環境に合わせて戦略や戦術をそろえ、交渉の進展度合いや回答などの情報連絡を密にし、闘争の集中度を高めて相乗効果を高める工夫が行われます。

「業種別共闘連絡会議」には、①金属、②化学・食品・製造等、③流通・サービス・金融、④インフラ・公益、⑤交通・運輸の5部門に分けて、それぞれの業種・産業の情勢や交渉状況の連絡を密にする役割があります。

「非正規共闘」はパートやアルバイトなどの非正規労働者に関する交渉状況の情報交換を密にする機能をもっています。「中小共闘」「地場共闘」は、中小企業組合の交渉促進を状況に応じて協議し、大きな影響を受ける地方の賃金水準の状況に関する情報交換をしながら、組合員の賃金実態をもとに地域ミニマム賃金、到達賃金水準を設定して中小の交渉をサポートします。

また、個別賃金水準の維持と向上をはかるため、主要産業ごとの代表的な約80の職種別賃金を「**代表銘柄・中堅銘柄**」として、その賃金水準を公表しています。さらに中核的な組合約400の「賃金水準」と「賃金カーブ維持分（定昇）」を公開しています。これによって、他の組合がこれを参考にして交渉を進め、決定する労働条件の相場形成に役立つことが期待されています。

"波及力"に弱点がある日本の賃金決定

春季生活闘争を進める手順について、ここまで連合を中心に書いてきましたので、読者の中には、春季生活闘争は連合がやっているのか、と思われた方もあるかもしれません。しかし、連合はあくまで春季生活闘争を構成して、全体の流れを指揮して進めていくという立場です。実際に労使交渉をし、賃金その他の個別労働条件を決めていくのはA社労使、B社労使といった個々の企業別組合です。これは、春闘と呼ばれたころから全く変わっていません。オーケストラにたとえれば、連合は指揮者の立場で、バイオリンやチェロを弾くのは企業別組合なのです。

この点は、産業別組合が基礎となっている欧米の労使交渉と、企業別組合が基礎の日本の交渉と全く異なる点です。欧州諸国では産業別組合の交渉で決めた労働

●**代表銘柄の賃金水準**
連合は各産業の主要な職種について、その実際の賃金額を公表している。2013年闘争では例えば、自動車総連の高卒35歳の自動車製造組立工（11社）は31万1600円、電機連合は大手の開発・設計職基幹労働者基本賃金（30歳相当）31万3241円など。他の組合はこれを参考にして交渉を進めて、相乗効果の発揮を期待する。

条件が、一定の基準で広く同種の産業の労働者に適用されるのが普通（これをベースにして、個別企業労使で若干の上乗せが行われる）です。しかし、日本では企業別交渉で決めた労働条件は、その企業の従業員にしか適用されません。しかも、その適用が正社員に限定されているのが普通です。連合が、パートなどの非正規労働者の賃上げなどの労働条件の改善方針をこのところ細かく規定するようになって、徐々に非正規労働者の課題改善にも取り組む組合が増えてきましたが、それでもまだ十分とはいえない状況です。

連合がしばしば、賃金の社会的水準を強調して相場の波及力を重視するのは、このためです。連合の古賀会長は演説のたびに、「すべての働く者・生活者の暮らし底上げのために、社会全体に波及効果を高める運動を繰り広げていかなければならない」と強調しています。

連合の重要な役割は、交渉環境の整備

このように連合の役割は、その年の闘争を取りまく経済や政治、社会情勢を判断して、働く者にとって何が課題かを判断し、それにそって具体的な要求を決めることです。その要求を実現するために、どこに重点を置いて闘争全体を進めるか、そ

のための共闘体制をどのように組むかを検討し、要求の提出から交渉のヤマ場などの日程を決めていきます。1955年に日本で春闘が誕生した時の最大の特徴は、すでに話したように、各組合がバラバラに要求し交渉していた賃上げ交渉を、まとまって同じ時期に集中させたことですから、連合も同じようにそれを進める役割があるということです。

「2014 春季生活闘争中央集会」で決意表明する古賀連合会長　（2014 年３月７日、日比谷公会堂）

　良い音楽を聴衆に聴かせるか否かは、指揮者のタクト次第といわれるように、春季生活闘争が良い成果を生むか否かは、連合の闘争指揮いかんにかかっていると言えます。

　だから、連合が春季生活闘争で果たさなければならない最も重要な役割は、大きな意味で交渉環境の整備です。各年の春季生活闘争で個別労使の交渉が始まる直前に、連合会長と経団連会長とのトップ会談が行われ、春季交渉全般についての考え方や方針、マクロの経済情勢などについて意見交換や議論が行われます。その会談で、財界トップから賃上げに理解を示す発言を引き出せば、それは全国の企業トップには、経団連会長が「ある程度の賃上げを許容している」とのシグナルとなり、その後に続く個別企業での交渉雰囲気を左右します。逆に、過去に何回もあったように、「賃上げどころか定昇の凍結も」といった厳しい態度で終わると、生活闘争の先行きの厳しさを暗示することになります。

２０１４年交渉でも、連合・経団連のトップ会談が行われましたが、それ以上に、政労使会議で賃金上昇が盛り込まれたことで、生活闘争の流れは過去の20年とガラリと変わった状況になったのです。

妥結水準の「歯止め設定」などで産業別統一闘争を強化

それでは、連合と企業別組合の中間にある産業別組合は、どのような役割を果たすのでしょうか。連合で決定した方針は、加盟の各産別でも討議され、それぞれの産業の景気状況を判断して、産業別組合としての方針と要求を決めます。

最近の経済情勢では、同じ産業であっても企業によって業績に格差が出ることが普通です。また、産業によっては特殊な事情を抱える産業もあります。このような個別産業の業績なども検討しながら、連合方針にも目配りをして、産業別組合の要求と方針が決まります。そして、さらに個別の企業別組合は、その業績も検討してさらに討議を重ね、自らの要求・方針を決め、会社との交渉に入るのです。

産業別組合には、それぞれに対応する業種別の経営者団体があります。そこでの話し合いや協議を行って、組合が独自に策定した産業政策を提示します。そして雇用の確保や産業としての労働条件水準の向上なども話し合って、生活闘争の環境整備を行い、企業段階の労使交渉をバックアップするという大きな役割があります。

妥結の段階では、電機連合には伝統的に、中央闘争委員会が交渉のヤマ場で大手の中核組合を中心にした交渉の進展状況を判断して、「これ以下では妥結しない」という「歯止め」を設定、最終交渉を迫る慣行があります。また、UAゼンセンでは加盟の各組合が本部闘争委員会に妥結権を委譲、引き出した回答水準で妥結するか否かの判断を、闘争委員長（会長）が判断するという方式をとっています。いずれも、産業別の闘争で足並みをそろえるために確立されてきた方式なのです。

「生産性三原則」が健全な労使関係の基盤

ところで、連合が2020年までの実現を目指す「働くことを軸とする安心社会」の実現には、賃金などの労働諸条件の維持・向上はたいへん大きな比重を占めています。連合には日本の主要産業の大手企業のほとんどの労組が加盟しており、波及効果が薄れたとはいえ、そこでの賃金を始めとする労働条件の決定は、中小企業や非正規労働者の労働条件や最低賃金、さらには公務員の労働条件などにも大きく影響します。労働組合のない企業の労働条件も、実際には連合の生活闘争の結果を受けた社会的水準で決められているのが現実です。連合の春季生活闘争には、日本全国の働く者の労働条件が託されていると言っても、決して誇張にはなりません。

かつての春闘、そして現在の春季生活闘争は、春の

☆ Column ☆

生産性三原則

「生産性三原則」は1955（昭和30）年に生産性運動が日本で始まった際、労働組合の参加を促す目的で作られました。当時、総評などが反対したため、組合の誤解を解いて運動の本当の意味の理解を促進するために、生産性本部と政府が、まず提起しました。

これを受けて、主要各労組が一斉に五原則、八原則などと、それぞれの原則を提示、それらも含めて協議されて、最終的に決まったのが、①雇用の維持・拡大、②労使協力・協議、③成果の公正な配分からなる現在の「生産性三原則」です。

生産性運動を積極的に進める労働組合は全国労組生産性会議を組織して、現在も労働組合の立場から運動を推進しています。しかし、バブル崩壊やグローバル化の進展、デフレ経済の下で、賃金低下、雇用慣行崩壊が続き、労働側からは経営側の生産性三原則への対応に、強い疑問の声が出されました。戦後の労使関係の安定に大きく寄与してきた「生産性三原則」ですが、労使がその意味と意義を改めて真摯に見つめ直す必要があるようです。

一定期間に全国の労使が一斉に交渉するという、世界には他に例がない日本だけのシステムです。

労働組合が提出した労働条件の引き上げ要求の決定に至るまでには、労使はマクロの経済情勢から、産業レベル、企業レベルまでの、その企業や労働者を取り巻く様々な状況について議論することになります。結果的に、労使の情報共有が進んで、労使双方の相互理解も深まります。これが、日本の労使関係の安定の根源となっていることは、広く研究者が認めることです。同時に、労働組合が企業経営のチェック機能を果たすことにもつながっています。だから、春の一斉の労使交渉は、国民的な「合意システム」だと解釈できます。

このような幅広い労使の相互理解と協力のベースにあるのが、1955（昭和30）年に春闘誕生と相前後して始まった**生産性運動**と、ほぼ同時に決められた「**生産性三原則**」（前ページのコラム参照）と言って良いでしょう。三原則は、①雇用の増大と失業の防止、②労使の協力・協議、③成果の公正な分配、の3項目を生産性運動推進の原則として示しています。三原則はその後の長い労使関係の歴史を経て、日本の労使協力の靭帯としての役割を果たし、労使関係を健全に維持する原則と理解されています。生産性運動に参加する労働組合は「全国労働組合生産性会議」を結成して現在も活発に活動を続けており、健全な労使関係の醸成に寄与してきました。

●**生産性運動**

戦後、「国民の生活水準向上」を目的に欧州で広まった運動。生産性向上によってコストを引き下げて企業家の利潤、投資家への配当を増加させる一方、労働者には賃金増大でその成果を還元、一般消費者へは製品価格を引き下げ、最終的に国民所得の増大と国民の生活向上を目指す。日本では1955（昭和30）年、日本生産性本部が設立されて始まった。

第6章 世界の中の連合

ＩＬＯ総会で挨拶する古賀会長（2014年6月）

「連合」会長の古賀さんは2014年の5月に、ヨーロッパへ3回も出張しました。この時期は、まだ春の賃金交渉が続いており、国会では労働関係の法律が審議されていて、その対応などもしなければならず、連合会長としては国内でも大変仕事の多い、忙しい時期でした。そんなさなかに、連合会長がどうして、こんなにも度々海外に行かなければならなかったのでしょう…。それだけ、日本の労働運動と世界とのつながりが深くなっており、大切になってきているということなのです。

その3回の海外出張というのは、まずは**経済協力開発機構（OECD）**への出張です。2014年はOECDに日本が加盟してからちょうど50年目で、**OECD閣僚理事会**で日本は議長国でした。OECDは加盟国の政府からなる機関ですが、その活動を助言する組織として労働組合諮問委員会（TUAC）、経済産業諮問委員会（BIAC）が設置されており、政府が労使の意見を聞いて議論する仕組みがあるのです。世界の経済政策に大きな影響を与えるこの会議にTUAC副会長の古賀さんも、ほかの国の労組代表と一緒に参加したわけです。

古賀さんはこのあと、世界各国の労働団体が参加する国際労働組合総連合（ITUC）の大会と各国政府に労使が加わって労働問題を協議する国際労働機関（ILO）の総会に出席したのですが、これについてはあとで触れることにして、まずは連合の現在の国際活動全体の方針を見てみましょう。

●OECD
自由貿易の拡大や途上国への援助を目的に、1961年に設立された国際機関。経済政策に関する先進国クラブとも言われ、現在、日本を含めた34カ国が加盟している。本部はパリにある。

●OECD閣僚理事会
年に1回、加盟国の閣僚が集まって、世界経済の当面の主要課題を議論するOECDで最も重要な会議。その結論は、各国の経済政策に影響を与えている。

1 連合の国際活動

目標は、世界から貧困と失業、格差の撲滅

連合の2014-15年度運動方針では、国際活動について「公正なグローバル化を通じた持続可能な社会の実現」というスローガンを掲げています。具体的には方針は5つあり、①**中核的労働基準**とディーセント・ワークの推進、②多国籍企業の社会的責任履行促進に向けた取り組み、③貧困撲滅などに向けた開発協力の取り組み、④人権・労働組合権・民主主義の擁護・確立、⑤国際労働組合組織と連帯した運動の推進および各国労組との定期協議・交流の実施、となっています。

日本の多くの企業が海外に進出していますし、海外企業との結びつきを強めています。連合の組合員が所属する会社のグローバル化が進んでいることも言うまでもありません。先進国、**新興国**、途上国…さまざまな国との関係が深まっており、これが日本の労組の活動にも影響を与えています。

世界の中で日本の位置が高まっていることも反映して、労働組合の国際組織や他国の労組から、日本の連合に対する期待も高まっています。国際的な場で一層力を発揮してほしいと求められているわけです。ですから、連合の国際活動は最近ます

●**中核的労働基準**
ILO条約のうち、労働基本権、児童労働、強制労働、差別の4分野の8条約が中核的労働基準と呼ばれ、ILO条約の中でも特に重要視されている。

●**新興国**
途上国のなかで、最近経済成長が目覚ましい国々を新興国と呼ぶようになっている。中国、インド、インドネシア、ブラジル、ロシア、南アフリカなどが含まれる。

ます重要性を増しており、それに合わせるように活発になってきています。

では、運動方針のスローガンにある「公正なグローバル化」とは、どういうことをいうのでしょうか。

近年のグローバル化は多くの国を発展させ、人々の生活水準を向上させています。自由な貿易や投資活動が世界の多くの国に恩恵を与えています。不十分とはいえ雇用機会も増えており、全体としてグローバル化は世界にプラスの影響を及ぼしているといえます。例えば、２０００年に定められた**国連ミレニアム開発目標**の第一番目は「極度の貧困と飢餓の撲滅」ですが、この目標に向かっても進展が見られます。しかし一方で、グローバル化が進んだ結果、国内や国と国との間の格差が拡大し、貧困や失業はまだまだ解消していません。また、**インフォーマル経済**が広がって、さまざまな社会問題も起こっています。これを放置することは、世界の経済社会の持続的な発展を阻害するだけでなく、社会正義の観点からも許されません。

ＩＬＯは２００８年、政労使が合意して「公正なグローバル化のための社会正義宣言」を発表しました。宣言はそのなかで、グローバル化の現状を踏まえると「すべての人にとってより多くの公正な成果を達成することが、社会正義への普遍的な願望を満たし、完全雇用に到達し、開かれた社会とグローバル経済の持続可能性を確保し、社会的一体性を実現し、貧困及び拡大する不平等と闘うためになおさら必

●国連ミレニアム開発目標
国連が、世界で2015年に達成すべきであるとした開発目標で、貧困の削減、初等教育の普及、乳児死亡率の削減など8つの目標などを掲げている。

●インフォーマル経済
途上国では、政府の規制が及ばない経済部門が大変広く、これをインフォーマル経済と呼んでいる。インフォーマル経済で働く労働者はふつう労働条件も悪く、労働法や社会保障の適用も及ばない。

要となる」と述べ、そのために、〝ディーセント・ワーク〟(働きがいのある人間らしい仕事)を、各国の経済社会政策の中心に据えるべきであると主張しました。世界の労働運動は現在のグローバル化の道筋を変え、公正なグローバル化を実現すべきだと主張しており、連合のスローガンの考え方もこれと軌を一にしたものです。国内の公正な分配、国と国の間の公正な分配を目指して、連合も国際労働組合組織と一緒になって運動を進めているわけです。

目標実現へ各国労働組合と連携

「公正なグローバル化」を実現するために、連合はどのような活動をしているのでしょうか。

まずは、国際的な政策形成への参加活動があります。運動方針では「公正で持続可能な経済・社会の構築に向け、中核的労働基準の確保とディーセント・ワークの推進を政策の柱に据えた**グローバル・ガバナンス**の構築を追求する」としています。具体的な活動としては、**ITUC**や**グローバルユニオン**とともに、国際機関や政府間会合への働きかけを行うことが中心です。

また、連合は国内でもディーセント・ワーク推進のための国際連帯活動に取り組

●**グローバル・ガバナンス**
マクロ経済や貧困撲滅など世界的な課題に対して、協力して問題解決を図る仕組みや取り組み。

●**ITUC、グローバルユニオン**
163ページ以下の第6章第2項「国際労働組合総連合(ITUC)とグローバルユニオン」を参照。

んでいます。ＩＴＵＣは10月７日をディーセント・ワーク世界行動デーと定めており、加盟のナショナルセンターが各国で連帯行動を行うのに合わせ、連合本部や地方連合もディーセント・ワークの普及のためのキャンペーンなどの取り組みを行っています。また、日本はＩＬＯ中核的労働基準の８条約のうち**２条約が未批准**ですが、連合は、この批准促進の取り組みや批准済みの６条約の完全適用に向けた取り組みを強化しています。

「公正なグローバル化」に向けた連合の取り組みとして、次に「多国籍企業の社会的責任履行促進に向けた取り組み」があります。

グローバル化が進む経済社会のなかで、**多国籍企業**の存在と影響力はますます大きなものになっています。多国籍企業は、本国および受け入れ国の両方で、直接・間接の雇用機会の創出、生活水準の向上などに大きな役割を果たしています。しかし一方で多国籍企業が問題を起こした場合、一つの国だけでは十分に対応しきれないことが出てきます。多国籍企業には大きな国際的責任、社会的責任があり、それを担保するためのいくつかの国際的なルールも作られています。同時に、労働組合にも国際的に連携した活動が必要になるわけです。

多国籍企業に関する国際的なルールやそれに対応した連合の具体的な活動については、あとで述べることにします。

●未批准の２条約
日本は、第１０５号条約（強制労働の廃止）と第１１１号条約（雇用および職業についての差別待遇の禁止）の２条約を批准していない。

●多国籍企業
一つの国だけではなく、複数の国にまたがって工場、研究所、営業所などを持って事業を行っている企業。

☆ Column ☆
ディーセント・ワークとは何か

「ディーセント・ワーク」はＩＬＯが１９９９年に使いだした言葉ですが、ＩＬＯは21世紀の活動の目標として「全ての人にディーセント・ワークを」と掲げています。日本語では「働きがいのある人間らしい仕事」と訳されています。

働く人にとって“仕事がないこと(失業)”が問題であることは言うまでもありませんが、仕事があっても仕事の質が“まともなもの”であることはたいへん大事です。ある程度の質が確保された仕事、いわば「健康で文化的な最低限度の」仕事、というのがディーセント・ワークの意味なのです。

ディーセントでない仕事とはどんな仕事でしょうか。危険・有害な仕事、非生産的な仕事、いくら長時間働いてもワーキングプアになってしまうような低所得の仕事、男女不平等な仕事、職場で声をあげられない仕事…などがあげられています。

ＩＬＯはディーセント・ワークの具体的内容について、４つの分野に分けて目標を設定しています。それは、①仕事の創出(雇用)、②仕事における基本的人権の確保（権利)、③社会的保護の拡充（保護)、④社会対話の推進（対話）です。このほかに、横断的目標として男女（ジェンダー）平等を掲げています。

雇用の分野では、まず、経済成長のわりには雇用機会が生まれていないという、「雇用なき成長」の問題があります。若者の失業や長期失業も深刻で、途上国ではインフォーマル経済に働く労働者に、労働法も社会保障も適用されないという現実があります。先進国でも非正規雇用の増大やワーキングプアが問題です。

権利の分野では、中核的労働基準を構成する４分野が重点です。労働基本権はまだまだ多くの国で制限を受けています。強制労働や人身取引などがなくなりません。児童労働も深刻な問題で、現在でも１億６８００万人の児童が大人のように働いていると推計されています。差別も人種差別、男女差別といった古典的な差別に加え、年齢差別、性的志向による差別なども問題とされるようになっています。

社会的保護の分野では、職場の安全衛生の問題があります。経済発展のなかで労働災害は増加、労働者の健康の確保、職場のストレスの問題も大きくなっています。過重な長時間労働が依然として問題である一方、短すぎる労働時間で収入が十分に得られないという問題もあります。社会保障については、世界人口の７割以上に、十分な社会的保護が行きわたっていないという現実があります。

変化の激しい現代であればあるほど、安定的かつ公正に経済的社会的目標を達成するためには、政府と労使組織の建設的対話が必要です。この社会対話の分野では、多くの途上国において労使団体はまだまだ弱体で、社会対話は進んでいません。労働組合の組織率も多くの国で低下傾向にあり、職場の紛争の平和的解決の障害にもなっています。

男女平等は進んできていますが、男女の賃金格差、女性の管理職比率の低さ、また女性の無償労働といった課題は解決していません。

このようにディーセント・ワークの実現に向けた世界の課題は多く、かなりの課題が日本にも当てはまることが、お分かりでしょう。全ての人にディーセント・ワークを実現するために、日本も世界とともに進んでいく必要があります。

途上国の労働運動には協力と援助

グローバル化のなかで、国と国の格差が広がっていることは前にお話ししました。途上国でも高い経済成長を成し遂げている国もあれば、多くの人々が貧困から脱出できない国もあります。

中国の労働組合と労使関係についてのセミナーを開催　（2013年11月、中国・江蘇省）

こうした現状から連合は、世界の貧困撲滅などに向けた開発協力の取り組みを行っています。草の根の活動実績を持つNGOとも協力して「NGO・労働組合国際協働フォーラム」を作り、国際貢献の活動として児童労働撲滅対策やHIV／AIDS対策、母子保健対策に力を入れています。国連ミレニアム開発目標のなかで、教育や母子保健、衛生分野などの進展が遅れているのです。

また、途上国の中には、労働組合の活動に大きな制約があったり、組合活動そのものが禁止されていたりという国も少なくありません。連合はITUCなどとも連携し、これらの国での人権、労働組合権、民主主義の擁護、確立のための活動をしています。連合は特に、ＩＴＵＣ‐ＡＰと連携したアジア・太平洋地域での活動に重点を置いています。

連合は結成の翌年の１９８９年、国際協力の組織として**国際労働財団（ＪＩＬＡＦ）**を設立しました。ＪＩＬＡＦは活動の目的として、「開発途上国の自由にして民主的な労働運動の発展と健全な社会・経済開発に寄与すること」を掲げており、連合の活動と密接に連携して活動しています。

ＪＩＬＡＦの主な活動は、アジア・太平洋地域を中心とした途上国労働組合の人材育成です。このために労働組合のリーダーを日本に招いて日本の労使関係の実情を知ってもらったり、現地に出かけて行って労使関係や生産性のセミナーを開催したりして、健全な労働組合の発展と建設的な労使関係の構築に向けて、地道な成果をあげています。また最近では、アジアのいくつかの国で、インフォーマル経済で働く労働者への支援事業も行っています。アジアなど途上国の労働組合はまだまだ組織が弱く、国際的な協力が必要で、連合やＪＩＬＡＦの積極的な支援が期待されています。

●**ＩＴＵＣ‐ＡＰ**　ＩＴＵＣアジア太平洋地域組織。本部はシンガポールにある。

●**国際労働財団（ＪＩＬＡＦ）**　1989年に連合によって設立された NGO、NPO 団体。アジア諸国をはじめ、各国の労組関係者を日本に招き、相互理解の促進のほか、開発途上国の労働団体に研修の機会を提供、民主的、自主的な労働運動と労使関係の発展に貢献している。

2 国際労働組合総連合（ＩＴＵＣ）とグローバルユニオン

連合は日本からＩＴＵＣに唯一加盟

労働組合の国際組織の中心は、ベルギーのブラッセルに本部があるＩＴＵＣ（The International Trade Union Confederation）です。ＩＴＵＣは、２００６年11月、それまでの**国際自由労連（ＩＣＦＴＵ）**、国際労連（ＷＣＬ）などにより結成されました。１６１の国・地域、３２５組織が加盟し、合計約１億７６００万人をカバーする大組織です。連合は日本のナショナルセンターとして唯一、ＩＴＵＣに加盟しています。

ＩＴＵＣは４年に１回、最高意思決定機関である世界大会を開催し、活動方針や役員を決定します。２０１４年５月、ドイツ・ベルリンで第３回世界大会が開催され、連合からも古賀会長はじめ17名の代表が参加しました。

宮崎で開催された国際自由労連（ICFTU）第18回世界大会で挨拶する笹森連合会長（2004年12月）

●国際自由労連（ＩＣＦＴＵ）
米英など西側諸国の労働組合が１９４９年に結成した国際労働組合組織。結成時のスローガンは「パンと自由と平和」。

大会のテーマは「労働者の力を構築する」でした。シャラン・バロウ書記長は、「労働者の力を構築するというのは、すなわち組織化である。労働者の目線に立っていない政府に対し、私たち労働組合は反対の声をあげ、労働者のための改革・前進を求めて声をあげよう。連帯して労働者の力を構築しよう」と訴えました。いわゆる新自由主義の風潮が広がった影響もあり、多くの国で労働組合は守勢に立たされ、労働組合の組織化も進んでいないことが、ＩＴＵＣがこのような問題提起をした背景にあります。

ＩＴＵＣの加盟組織となっているのは、主にそれぞれの国のナショナルセンターです。一国で複数のナショナルセンターが加盟している場合もあります。規約に「民主的で独立した代表的なナショナルセンターで、ＩＴＵＣの規約を遵守するものはすべて、加盟資格を有する」としているのです。

ＩＴＵＣの会長はジョアオ・フェリシオ氏（CUT、ブラジル）、書記長はシャラン・バロウ氏（ACTU、オーストラリア）、日本の古賀さんは副会長です。大会に次ぐ意思決定機関は執行委員会で、年に1回以上開催され、ＩＴＵＣの活動の指導を行っています。また、書記長を最高責任者とする本部事務局がブラッセルに置かれています。

●CUT
ブラジル中央統一労働組合。ブラジルにはITUCに加盟しているナショナルセンターが4つあるが、そのうち最大の組織。組織人員は784万人。

●ACTU
オーストラリア労働組合評議会。オーストラリアのナショナルセンター。組織人員は200万人。

自由で民主的な労働運動の強化

ＩＴＵＣは自由で民主的な労働運動の強化を目指していますが、当面の最大の課題はグローバル化の負の側面に対応し、働く者のためのグローバル化を実現することです。具体的な課題としては、中核的労働基準の適用の実現、人権・労働組合権の確保、多国籍企業対策、労働災害防止、児童労働撲滅、ＨＩＶ／エイズ対策、貧困撲滅などがあります。これらの課題に対処するための主な活動としては、労働組合間の国際協力、グローバルレベルのキャンペーンの展開、主要国際機関への政策提言活動などがあります。

ＩＴＵＣは多くの国際機関と密接な関係を持っています。ＩＬＯでは、労働側グループの事務局役を務めており、総会や理事会などすべての議決機関において労働者の意見反映に努めています。**国連経済社会理事会**（ＥＣＯＳＯＣ）、国際通貨基金（ＩＭＦ）、世界銀行、世界貿易機関（ＷＴＯ）などの国際機関からも諸会議に参加することが認められています。さらに、**G8サミット、G20サミット、APEC**などの政府間会合に対しても、議長国との協議などを通じて政策提言を行っています。

ＩＴＵＣの政策提言活動ですが、最近は、国際産業別労働組合組織（ＧＵＦｓ）やＯＥＣＤ・ＴＵＡＣと一緒に活動することが多くなっています。

●**国際経済社会理事会**
国連の主要機関の一つで、労働問題を含む経済社会全般の問題を取り扱う。

●**G8サミット**
主要国首脳会議。年に1回、米英独仏日加伊露の首脳が国際的な政治、経済の課題を議論する。

●**G20サミット**
金融、世界経済に関する首脳会合。G8の国のほか、中国、インド、インドネシア、ブラジル、南アフリカ等の新興国が加わっている。

２０００年、南アフリカで開催されたＩＣＦＴＵ第17回世界大会で、労働組合の影響力を高め、グローバル化が急速に進む世界に有効に対応するため、ＩＣＦＴＵ、ＧＵＦｓ、ＯＥＣＤ・ＴＵＡＣの連携の枠組みが作られました。これがグローバルユニオンと呼ばれています。２００６年のＩＴＵＣ結成大会では、グローバルユニオン評議会が結成されることになり、共同行動が強化されています。

国際産業別労働組合の素顔

国際産業別労働組合組織（ＧＵＦｓ）について紹介しましょう。これは、日本の産業別組合組織（産別）の国際版です。経済の変化のなかで産業別の垣根も低くなっていることもあり、このところＧＵＦｓの統合が行われていますが、現在のところ次の9組織がＧＵＦｓと呼ばれています。

▽インダストリオール（IndustriALL）
２０１２年に国際金属労連（ＩＭＦ）、国際化学エネルギー鉱山一般労連（ＩＣＥＭ）、国際繊維被服皮革労働組合同盟（ＩＴＧＬＷＦ）の３つのＧＵＦが統合して結成された一番新しいＧＵＦ。１４０カ国、３５０組織、５０００万人を組織。本部はスイス・ジュネーブ。日本からはＵＡゼンセン、自動車総連、電機連

●ＡＰＥＣ
アジア太平洋経済協力。太平洋を取り囲む21の国と地域の経済協力の枠組み。日本、アメリカ、ロシア、中国、韓国、オーストラリアなどの国のほか、香港や台湾も参加している。

合、ＪＡＭ、基幹労連、電力総連などが参加。
▽国際建設林業労働組合連盟（ＢＷＩ）
2組織が統合して2005年に発足。1050万人を組織。本部はスイス・ジュネーブ。日本からはＵＡゼンセン、建設連合、森林労連などが参加。
▽教育インターナショナル（ＥＩ）
2組織が統合して1993年に発足。3000万人を組織。本部はベルギー・ブラッセル。日本からは日教組が参加。
▽国際運輸労連（ＩＴＦ）
1898年発足の歴史の古い組織。460万人を組織。本部はイギリス・ロンドン。日本からは運輸労連、私鉄総連、ＪＲ連合、ＪＲ総連などが参加。
▽国際食品関連産業労働組合連合会（ＩＵＦ）
2組織が統合して、1994年に発足。1200万人を組織。本部はスイス・ジュネーブ。日本からはフード連合、ＵＡゼンセン、全国農団労、サービス連合が参加。
▽国際公務労連（ＰＳＩ）
歴史は古いが、1958年に現在の名称となる。2000万人を組織。本部はジュネーブ郊外のフランス・フェルネヴォルテール。日本からは自治労、国公連合、都市交、全水道などが参加。

▽UNIグローバルユニオン（UNI Global Union）
4組織が統合して、2001年に発足。2000万人を組織。本部はスイス・ニヨン。日本からはUAゼンセン、自動車総連、生保労連、JP労組、情報労連、サービス連合などが参加。
▽国際ジャーナリスト連盟（IFJ）
60万人を組織。本部はベルギー・ブラッセル。日本からはNHK労連、新聞労連などが参加。
▽国際芸術・エンターテインメント連盟（IAEA）
国際俳優連盟、国際音楽家連盟などから成る。日本からの加盟はない。

DGB（ドイツ）、TUC（イギリス）、AFL・CIO（アメリカ）の若手活動家が連合を訪問、古賀会長と意見交換　（2013年2月）

ITUCの地域組織は、2006年のITUCの結成以降、順次発足しました。2007年にはアジア太平洋地域組織（ITUC－AP）、アフリカ地域組織（ITUC－Africa）、2008年には米州地域組織（ITUC－TUCA）が結成されました。

連合はＩＴＵＣ‐ＡＰの前身であるＩＣＦＴＵ‐ＡＰＲＯの時代から、その活動の活発化のために人的にも、財政的にも積極的な貢献を続けてきました。現在、ＩＴＵＣ‐ＡＰの書記長は日本のＵＡゼンセン出身の鈴木則之氏が勤めています。連合やＪＩＬＡＦとも密接に連絡を取り合って、アジア太平洋地域組織の労働組合の支援活動を行っています。

国際労働運動と日本

ここで国際労働運動の歴史について、簡単にお話ししましょう。

イギリスで最初の労働組合が生まれたのは１８２０年代と言われますが、１８６８年に最初のナショナルセンター、イギリス労働組合会議（ＴＵＣ）が誕生しました。続いて19世紀末には、アメリカ、ドイツなどでもナショナルセンターが結成されました。

国際的な連帯の動きがそれに続き、いくつかの国際産業別組織が結成されました。１８８９年の国際たばこ労働者連盟の結成、１８９３年の国際金属労連第1回世界大会、国際繊維労組同盟や国際被服皮革労組同盟の結成などがあります。

包括的な国際労働組合組織としては、1864年の国際労働者協会が萌芽と言われ、1889年の社会主義インターナショナル、1901年の国際労働組合書記局を経て、1913年、国際労働組合連盟（IFTU）の結成へと発展しました。IFTUは国際労働機関（ILO）の設立に貢献したほか、第2次世界大戦前の反ファシズム、反ナチズム闘争で重要な役割を果たしました。また、国際労連（WCL）の前身である**国際キリスト教労連**（IFCTU）は1920年に結成されています。

第2次世界大戦後の1945年9月、パリで世界労働組合会議が開かれ、世界労連（WFTU）の結成が決定され、IFTUは解散しました。しかし、WFTUの運動が共産主義的なものに偏っていることに多くの加盟組織が危惧をいだきはじめました。そして、1949年12月、自由で民主主義的な世界組織を目指して国際自由労連（ICFTU）が結成されました。

それまでの国際労働運動は主として西欧と北米で活動していましたが、ICFTUは初めてアジア、太平洋、南米、アフリカを含む世界の主要な労働組合の参加を実現しました。

東西冷戦の影響から、60年代から80年代まで、全体としては東側に立つWFTUと、西側のICFTUは対立を続けていました。途中、東西の緊張緩和の時期に西欧労組とソ連労組が接近し、これを批判してアメリカの**AFL・CIO**がICFT

●**国際キリスト教労連**
当初活動の基盤をキリスト教の社会原則に置く、としていたが、特に第2次世界大戦後は他の宗教を信仰する人々の加盟も認め、宗教観にとらわれない活動を展開するようになり、1968年に国際労連（WCL）と改称した。

Uを一時脱退するなどの事件がありました。

日本の労働組合はＩＣＦＴＵの結成大会に当時の総同盟など5代表が参加しました。１９５４年に、ナショナルセンターとしては総同盟（のちに同盟）が参加しましたが、総評からは5単産が個別に参加していました。総評は結成時にＩＣＦＴＵ加盟を方針に掲げながら、その後それを棚上げしてしまいました。しかし、連合は結成時にナショナルセンターとして一括加盟を決定して参加、日本の国際労働運動の方向性が整理されました。

90年代になり、東西冷戦の終焉、ソ連の崩壊の中でＷＦＴＵは存在感が薄くなりました。２０００年には旧ソ連のナショナルセンターであるロシア独立労働組合連盟（ＦＮＰＲ）等もＩＣＦＴＵに加盟し、国際労働運動はＩＣＦＴＵが中心になって展開されていきました。

２００４年には日本の宮崎で第18回ＩＣＦＴＵ世界大会が開催されました。そして、２００６年、ＩＣＦＴＵとＷＣＬは共に発展的解散をして、それまでどちらにも加盟していなかったナショナルセンターも参加してＩＴＵＣが結成され、現在にいたっています。

●ＡＦＬ・ＣＩＯ
アメリカのナショナルセンター。アメリカ労働総同盟・産業別労働組合会議。職業別・職能別労働組合の連合体であったＡＦＬと、産業別組織の連合体であったＣＩＯが１９５５年に統合して発足した。

3 国際労働機関（ILO）

連合の国際活動の方針の第一に「中核的労働基準とディーセント・ワークの推進」が掲げられていることは前にお話ししました。この「中核的労働基準」も「ディーセント・ワーク」もILOから出た言葉です。連合だけでなく、世界の労働組合にとってILOは最も重要な国際機関であり、国際労働運動と密接な関係を持った機関なのです。ILOの目的や組織、活動について紹介しましょう。

政労使の三者構成で国際労働基準を示す

国際労働機関（ILO）は、1919年、第1次世界大戦後に、国際連盟とともに**ベルサイユ条約**によって設立された歴史の古い国際機関です。第2次世界大戦中もILOはそのまま存続し、1946年からは**国際連合の労働雇用問題の専門機関**になっています。現在世界の185カ国が加盟しており、国連の加盟国はほとんどILOにも加盟しています。ILOの本部はスイスのジュネーブにあります。

ILOは政労使三者構成の機関です。普通の国際機関は加盟国の政府だけが意思決定機構に代表として参加するのですが、ILOの場合には政府だけではなく、労

●**ベルサイユ条約**
第1次世界大戦の終わりに連合国（日本を含む）とドイツとの間で結ばれた講和条約。この第13編がILO憲章となり、国際連盟の姉妹機関としてILOが誕生した。

働者代表、使用者代表という、いわば民間の機関、NGOが意思決定に参加しています。これは国連系の国際機関としては今もILOだけの特徴です。1919年の設立時にこうした三者構成主義をとったことは、ずいぶん斬新な試みであったと思います。労働者代表、労働組合に対する大きな期待が感じられます。

日本は1919年にILOが創設されたときからのメンバーです。第2次世界大戦の時、1938年に脱退通告して1951年に再加盟した、ということで途中に抜けていた時期があります。しかし、日本は政府代表のほか、労働側、使用者側ともに理事を出している数少ない国の一つで、ILOにたいへん貢献している国です。連合結成以来、連合推薦の代表が理事を続けており、直近の2014年6月の選挙では、桜田高明氏が2回目の当選を果たしました。

●国連の専門機関
国連憲章に基づき、国連と連携関係にある経済・社会・文化・教育・保健などの分野の専門の国際機関。ILOのほか、ユネスコ、WHO（世界保健機関）、IMF（国際通貨基金）、世界銀行グループなどが含まれる。

社会正義があってこそ、世界が平和に

なぜそんなに早く、国際連盟と一緒にILOが作られたのでしょうか。1919年に作られたILO憲章には「世界の永続する平和は、社会正義を基礎としてのみ確立することができる」と書かれています。第1次世界大戦という世界規模の大戦争が終わって、もう戦争はゴメンだ、これからずっと平和を続けようと考えて国際

連盟を作ったのですが、安全保障に直接かかわる議論をするだけでは十分でない。格差とか貧困があっては、それが平和を脅かすことになるという考えから、ＩＬＯが作られたわけです。繰り返しますが、平和は社会正義を基礎としてのみ確立することができる、ということです。

ＩＬＯ憲章にはまた「いずれかの国が人道的な労働条件を採用しないことは、自国における労働条件の改善を希望する他の国の障害となる」とあります。ある国が安い労働力を使って物を作る。その製品は安いので国際競争で勝ってしまう。そうすると負けた方の国はやはり製品のコストを下げなければいけない。そのためには労働者の労働条件を切り下げて、労働コストを低くしようとする、ということで労働条件の切り下げ競争が起こってしまう。その結果、どちらの国でも人道的な労働条件が守られなくなる。これでは社会正義は確保されません。

「労働は商品ではない」

そこでＩＬＯは国際的に共通の労働条件の最低基準、グローバルスタンダードを作ることにしました。最初に作ったＩＬＯ第1号条約は、1日8時間労働を決めた条約です。それ以降、条約や勧告をどんどん作っていきました。

国際労働基準についての基本的な考え方は今でも変わっていません。ＩＬＯ条約はもちろん労働者の労働条件の改善のためにあるのですが、同時に公正競争、企業や国が同じ条件で競争しようという、いわば国際経済のゲームのルールでもあるのです。

第2次世界大戦後の社会を考えて、ＩＬＯは1944年にフィラデルフィア宣言を採択しました。この宣言のなかに、「労働は商品ではない」「表現および結社の自由は不断の進歩のために欠くことができない」「一部の貧困は全体の繁栄にとって危険である」などと書かれています。貧困や格差の存在は危険であり、持続的な平和につながらない、という話ですね。

最近のＩＬＯは「全ての人にディーセント・ワークを実現しよう」と言っています。ディーセント・ワークという言葉はＩＬＯの前事務局長のソマビア氏が言いはじめた言葉で、日本語では「働きがいのある人間らしい仕事」と訳しています。ただ仕事があればいいということではなく、仕事の質についても考え方に入れた概念ですから、「良質な雇用」という言葉の意味に近いと思います。ディーセント・ワークの内容については、コラム（160ページに掲載）を是非、読んでください。

ＩＬＯは毎年6月に開かれる総会で、ＩＬＯ条約などの国際労働基準やＩＬＯの事業計画を決定しています。

●**国際労働基準**
通常、ＩＬＯ条約と勧告を指す。いずれもＩＬＯ総会で採択されて成立するが、条約が批准した国を拘束するのに対し、勧告に従うかどうかは国にまかされている。

ＩＬＯ事務局を率いる事務局長は、理事会によって任命されますが、２０１２年にイギリスのガイ・ライダー氏が、労働側出身者として初めて第10代事務局長に就任しました。ライダー氏は以前ＩＴＵＣの書記長もしていた人で、連合には多くの知り合いがいます。国際関係では、個人的親交は大変重要ですから、日本との関係も深まりそうです。事務局の本部はジュネーブにありますが、日本には**ＩＬＯ駐日事務所**があります。

国際労働基準の適用状況を監視

ＩＬＯの活動で重要なのは、ＩＬＯ条約など国際労働基準の設定と基準の適用監視です。もう一つの重要な柱が、途上国などに対する技術協力です。世界の雇用労働に関する情報を集め、分析し、発信もしています。ＩＬＯは世界の雇用労働問題に関する情報センターでもあるのです。

ＩＬＯは現在までに１８９の条約を作っています。テーマは労働、社会保障全般にわたりますが、その範囲は次のように、とても幅広い分野の条約・勧告となっています。

●ＩＬＯ駐日事務所
ＩＬＯ本部直轄のカントリーオフィス。ＩＬＯの情報を日本国内に発信したり、ＩＬＯと日本をつなぐ仕事をしている。いわば日本におけるＩＬＯ大使館である。

結社の自由、団体交渉及び労使関係、強制労働、児童労働、機会及び待遇の均等、労働行政及び労働監督、雇用政策、職業訓練、雇用保障、賃金、労働時間、労働安全衛生、社会保障、母性保護、移民労働者、ＨＩＶ／エイズ、船員、家事労働

ＩＬＯ条約に関して、ＩＬＯは１９９８年に重要な宣言を採択しました。それは「労働における基本的原則および権利に関するＩＬＯ宣言」です。この宣言の中で、労働の場における基本的権利に関する原則として、①結社の自由及び団体交渉権の効果的な承認、②強制労働の禁止、③児童労働の撤廃、④雇用及び職業における差別の排除、をあげました。そして、全ての加盟国は、この４分野にかかるＩＬＯ条約を批准していなくても、仕事における基本的権利に関する原則を尊重、促進、実現する義務を負う、としたことは、非常に重要です。

この４分野には、それぞれ２つずつ、８つのＩＬＯ条約があります。これが中核的労働基準と呼ばれ、ＩＬＯ条約の中でも重要視されています。

日本はＩＬＯ条約のうち、49の条約を批准しています。ＯＥＣＤ諸国の平均批准条約数は74ですので、ちょっと少ないですね。前にも述べたように、中核的労働基準のうちの２条約（第１０５号条約と第１１１号条約）も、残念ながら批准していません。

別表　中核的労働基準

・結社の自由及び団体交渉権の効果的な承認
　第87号条約（結社の自由及び団結権保護）
　第98号条約（団結権及び団体交渉権）
・強制労働の禁止
　第29号条約（強制労働）
　第105号条約（強制労働廃止）
・児童労働の撤廃
　第138号条約（最低年齢）
　第182号条約（最悪の形態の児童労働）
・雇用及び職業における差別の排除
　第100号条約（同一報酬）
　第111号条約（差別待遇（雇用及び職業））

連合はＩＬＯ条約の批准を日本政府に求めていますが、特に、中核的労働基準をはじめいくつかの優先条約を定めて重点的な活動をしています。また、すでに批准した条約の国内での完全適用に向けた取り組みも進めています。公務員の労働基本権の制限の問題についてはＩＬＯ条約違反としてＩＬＯに問題提起をしており、**ＩＬＯ結社の自由委員会**の勧告が、何回も日本政府に対して出されています。連合は、公務員制度についてＩＬＯの勧告に沿った改革の実現を求めています。

●**ＩＬＯ結社の自由委員会**
ＩＬＯの条約適用の監視機構の一つとしてＩＬＯ理事会に設けられた委員会。結社の自由（第87号条約と第98号条約）に係る申し立てを取り扱う。

4　多国籍企業と労働組合

連合の国際活動の方針の二番目に「多国籍企業の社会的責任履行促進に向けた取り組み」が掲げられています。多国籍企業の社会的責任とは何でしょうか。最近、日本の企業でもＣＳＲ（企業の社会的責任）への関心が高まりつつありますが、労働組合はこの問題にどう取り組んでいるのでしょうか。実は、多国籍企業の社会的責任に関してはいくつかの国際的なルールもありますし、国際労働運動も取り組みを強めています。順次、お話ししていきましょう。

多国籍企業に、社会的責任を求める

海外で事業を展開する日本の企業は増加しています。日本の企業にも多国籍企業が増えているわけです。また、海外での事業がなくても、部品の調達先や納品先が海外企業であることも多くなってきました。また、アウトソーシングの機会も広がり、海外企業に委託するケースも増えています。グローバル化の中で、サプライチェーンは海外へどんどん拡大しています。

一方、企業の不祥事や環境問題の深刻化のなかで、「企業は利益を追求するだけ

でなく、事業活動が社会に与える影響に責任を持ち、社会的課題の解決に役割を果たすべき」との考え方が浸透してきました。これが、企業の社会的責任（CSR）の考え方です。

ILOのガイ・ライダー事務局長が連合本部を訪問、中央執行委員会で挨拶　（2013年5月）

日本ではCSRというと、企業のコンプライアンス（法令順守）や環境問題をまず想像する人が大半ですが、国際的には人権や労働も主要なテーマです。そして、最近はサプライチェーンまで含めて企業がCSRに取り組むようになってきているのです。

例えば、途上国の企業から調達した部品が児童労働で作られたものだったとか、途上国の企業に委託して生産した製品で起きた事故で大きな被害が出たとか、そんな場合も、「それは知らないこと」「別の会社で作ったもの」とはいきません。企業としてきちんと対応することが必要になっています。2013年に起きたバングラデシュ・ダッカの縫製工場ビルが倒壊した大事故（１１００人以上の労働者が死亡、２５００人以上が負傷）では、縫製を依頼していたアメリカの有名なアパレル企業には世界から非難が集中しました。その後、欧米の企業が参加してバングラデシュの「縫製工場の安全性確保の国際合意」ができたそうです。

労働ＣＳＲの国際ルール

労働ＣＳＲに関する国際ルールとして重要なものが４つあります。それらは、①ＩＬＯの三者宣言、②ＯＥＣＤ多国籍企業行動指針、③国連グローバル・コンパクト、④ＩＳＯ２６０００です。

ＩＬＯの三者宣言は、多国籍企業及び社会政策に関する原則として１９７７年に採択され、国際的な労働条件の遵守、事業を行う国の開発目標等との調和、雇用促進と安定、機会と待遇の均等、技能訓練、良好な労働条件、結社の自由及び団結権などについて規定しています。この宣言は、政労使の三者のコンセンサスで策定されたもので、当事者が策定に直接関与したという意味でも重要です。

二つ目のＯＥＣＤ多国籍企業行動指針は、多国籍企業が営業・生産活動を行うに当たり、最低限尊重、配慮しなければならない事項を定めたものです。１９７６

●労働ＣＳＲ
労働分野の企業の社会的責任のことを、こう呼んでいる。

年、「国際投資と多国籍企業に関するOECD宣言」の一部として採択されました。2011年の改訂で「人権」の章が追加されて、企業の人権尊重の責任が明記されました。

その実施手続きも定めているのが特徴で、各国は個別問題などを取り扱う**ナショナル・コンタクト・ポイント**（各国連絡窓口）を設立することになっており、違反の疑いがあれば労働組合やNGOがその窓口に問題提起することができます。日本企業の海外工場でOECDの行動指針に抵触する労働組合への不当な干渉があった場合には、現地の労働組合を支援するため、連合は日本の連絡窓口に問題解決への支援の要請をします。連合は日本のナショナル・コンタクト・ポイントへの働きかけを強化する方針です。

3つ目の国連グローバル・コンパクトは、国連がイニシアチブをとって始めた企業の自主行動原則で、別表のような4分野10原則について、企業が遵守し、社会的責任を果たしていくことにより、世界の持続的発展をめざしています。

2000年7月に発足し、企業などの参加は任意ですが、現在、世界では1万を超える企業・団体が参加し、国内では190の企業・団体が参加しています。

国連グローバル・コンパクトの労働基準の分野の4原則が、ILO中核的労働基準の4分野と同じであることに、気がつきましたか。ILO中核的労働基準が、国

●ナショナル・コンタクト・ポイント
OECDの行動指針の適用促進、照会、個別の問題の解決を担当する各国連絡窓口。日本では、外務省、厚生労働省、経済産業省の3省構成になっている。

別表　国連グローバル・コンパクト10原則

人権
1 国際的に宣言されている人権の擁護を支持し、尊重する
2 人権侵害に加担しない

労働基準
3 組合結成の自由と団体交渉の権利を実効あるにする
4 あらゆる形態の強制労働を排除する
5 児童労働を実効的に廃止する
6 雇用と職業に関する差別を撤廃する

環境
7 環境問題の予防的なアプローチを支持する
8 環境に関して一層の責任を担うためのイニシアチブをとる
9 環境にやさしい技術の開発と普及を促進する

腐敗防止
10 強要と賄賂を含むあらゆる形態の腐敗を防止するために取り組む

際的なCSRのルールの上でも中心に位置していることを示しています。

4つ目のISO26000は、4つの中では一番新しいものです。**国際標準化機構（ISO）**が2010年、ISOとして初めて社会的分野で作った国際規格で、企業のみならず、すべての組織がステークホルダー（消費者、政府、労働組合などの利害関係者）との対話を重視しながら定期的、自主的に自らの行動を見直し、改善を図っていくためのガイダンス（手引）となっています。

ISO26000では、企業や組織による実践に向けて7つの原

●**国際標準化機構（ISO）**
主に工業分野（電気分野を除く）の国際規格を策定する民間の非政府組織。日本からは、JIS規格を策定する日本工業標準調査会が参加している。

則として、①説明責任、②透明性、③倫理的な行動、④ステークホルダーの利害の尊重、⑤法の支配の尊重、⑥国際行動規範の尊重、⑦人権の尊重を示しています。このうち、人権に関しては、ＩＬＯの中核的労働基準を重視しています。また、労働慣行に関する課題として、「雇用及び雇用関係」「労働条件及び社会的保護」「社会対話」「労働における安全衛生」「職場における人材育成及び訓練」をあげています。

国際産業別労組が進めるグローバル枠組み協定

多国籍企業のＣＳＲについては、国際的な労働組合組織が取り組んでいる国際枠組み協約（グローバル枠組み協定）の締結があります。

国際枠組み協約とは、国際産業別労働組合組織（ＧＵＦｓ）が多国籍企業との間で「中核的労働基準の遵守」や「労働基本権の尊重」を中心に協定を締結し、対話を促進しながら建設的な労使関係をグローバルに築いていこうというものです。欧米ではかなりの多国籍企業がこの国際枠組み協約を結んでいます。しかし、日本では高島屋労使（２００８年）、ミズノ労使（２０１１年）、そして２０１４年11月のイオン労使とＵＡゼンセン、ＵＮＩグローバルユニオン（商業・通信の国際産業別組織）が結んだ３例にとどまっています。

アジアなどの諸国が急速に発展する中で、労使紛争も増加しています。日系企業など多国籍企業で労使紛争が起こる例も多数にのぼっています。労働組合の結成などに際して会社が介入したり、労働組合幹部を解雇して紛争になった例、作業方法の変更などでもめた例、会社側の担当者の交替から労使の話し合いが進まなくなり紛争になった例など、さまざまな原因で労使紛争が起こっています。

多くの途上国で労使関係の歴史や経験がまだまだ少なく、労使の対話や交渉の仕組みが十分に整備されていないことが、紛争多発の背景にあります。会社側の労務担当者に、労使関係についての意識がないこともしばしばです。多国籍企業の場合、現地の文化と会社の雇用慣行の違いから問題が起きるという例もあります。また日本の本社から現地に派遣された幹部が労使紛争の経験がなくて、不適切な対応をすることもあります。

多国籍企業にとって、進出地域において相互信頼に基づく建設的な労使関係を築くことは大変重要です。労使紛争が起きてしまうと、労使双方にとってマイナス。まず、労使紛争を起こさない努力が重要なのです。そのためには、日頃から労使のコミュニケーションを密にし、時間をかけて信頼関係を作り上げていく努力が一番大切なことです。

連合は、「国際委員会」の中に「多国籍企業小委員会」を設置して、連合加盟の産業別組合の国際担当者とともに、多国籍企業の多様な問題を議論し、活動しています。連合や**JCメタル**、輸出産業の労働組合を主な構成員とする産業別組合などは、日本企業の海外子会社、合弁企業に重点を置いて、労使紛争の平和的解決への支援、ＩＬＯの中核的労働基準の遵守や、労使紛争の未然防止、建設的な労使関係の構築のために、現地の労使や国際的な労働組合組織とも連絡をとりながら、さまざまな取り組みを行っています。

5 各国のナショナルセンター

連合は日本のナショナルセンターですが、世界の各国にも多くのナショナルセンターがあります。

労働組合のナショナルセンターは各国別にそれぞれ組織されていますが、ナショナルセンターが一つだけの国もあれば、複数のナショナルセンターがある国もあります。ここでは、代表的な国のナショナルセンターについて簡単に紹介します。

なお、各国のナショナルセンターの情報については、国際労働財団（ＪＩＬＡＦ）のホームページ（http://www.jilaf.or.jp/）にある「国際労働関係組織データベース」に詳しく載っていますので、興味のある方はこれを見るとよいでしょう。

●**JCメタル**
全日本金属産業労働組合協議会。従来IMF日本協議会（IMF・JC）の名称であったが、2012年、国際組織であるIMFがインダストリオールに統合されたことに伴い改称した。

◇アメリカ労働総同盟・産別会議（AFL・CIO）◇

アメリカのナショナルセンターで、ITUCに加盟する西側諸国のなかでは最大の組合です。職業別・職能別労働組合の連合体であったAFLと、産業別組織の連合体であったCIOが1955年に統合して発足しました。国際労働組合運動でもリーダー格の組織の一つです。

アメリカの労働組合の組織率は低下傾向にあり、これを反転すべくAFL・CIOは努力しています。市民団体やNGOとの連携などを図りながら、新しい運動も追求しています。オバマ大統領の民主党を支持していますが、共和党が知事である州によっては反組合的な労働政策をとるところもあり、これに対抗することも課題です。

2005年にAFL・CIOの改革路線をめぐって内部対立が起こり、北米サービス従業員労働組合、北米トラック運転手労働組合（チームスターズ）、北米食品商業合同労働組合などの有力な産業別組合が脱退して、「勝利のための変革連合（CWC、400万人）」を組織しました。CWCはITUCに加盟していません。

現在の組織人員は1250万人。会長は鉱山労組出身のトラムカ氏が2009年に就任しています。大会は4年に1回開催されます。

◇イギリス労働組合会議（TUC）◇

１８６８年、世界で最初のナショナルセンターとして組織された、歴史ある組合です。国際労働運動にも多くの人材を出しており、現在、ＩＬＯ事務局長のガイ・ライダー氏、ＯＥＣＤ・ＴＵＡＣ事務局長のジョン・エバンス氏もＴＵＣの出身です。ＩＴＵＣでも中心的な組合です。

労働党を支持していますが、政党からは独立しています。１９７９年に最大の組合員数１３２０万人を記録しましたが、その後、保守党サッチャー政権の労働組合規制などにより組織人員が減少し、現在は６２０万人となっています。

パート労働者の組織化など新規加入の促進に努め、現在では加盟組合員数が男女ほぼ同数になっています。２０１２年には初の女性書記長であるオグラディ氏（現職）を選出しました。また、２０１３年には初のアジア系モスレムのタジ氏を選出、ＴＵＣも時代の変化に対応すべく、さまざまな努力を重ねています。大会は毎年開催されます。

◇ドイツ労働総同盟（DGB）◇

ドイツのナショナルセンター。第２次大戦後の１９４９年、西側占領地区の労組の結集体として発足しました。ドイツには早くから共同決定法などによる労働者参加制度ができましたが、ＤＧＢはこれに積極的に対応し、ドイツ経済社会において存在感を発揮してきました。東西ドイツの統一後の１９９０年には旧東ドイツのナショナルセンターも統合し、組織が大きくなりました。国際労働運動でも存在感は大きく、現在のゾマー会長は前のＩＴＵＣ会長も務めました。

ドイツでは産業別組合の統合が進んでおり、**ＩＧメタル**など８産別がＤＧＢの加盟組織になっています。ゾマー会長の出身組合である統一サービス労働組合は、公務、運輸交通、商業、銀行、保険、郵便、メディアなどを含む大きな産別です。

組織人員は６００万人。大会は４年に一度開催されます。

●ＩＧメタル
金属産業労働組合。ＤＧＢ加盟の産別のなかの最大組織で、225万人を組織する。ドイツの労働運動全体、また政治的にも大きな影響力を持っている。

◇フランスのナショナルセンター◇

フランスには現在、５つのナショナルセンターがあります。うち４つとＣＦＤＴ専門職労働組合がＩＴＵＣに加盟しています。フランスの労働組合の組織率は７％くらいですが、労働協約がカバーする労働者が全体の９割に及ぶなど、社会的な影響力はかなり強いものがあります。ストライキによる労働損失日数も先進国のなかでは大変大きいのです。

フランス労働総同盟（ＣＧＴ）は、１８９５年にフランス初のナショナルセンターとして結成されました。その後組織が分かれていきましたが、フランスの現在の5つのナショナルセンターは、いずれもCGTに起源を持っています。

CGTは共産党系が指導部を握り、国際組織もずっとWFTUに加盟して活動していました。1995年にWFTUを脱退してITUCに加盟して現在にいたっています。組織人員は65万人、大会は3年に一回開かれます。

フランス民主労働総同盟（CFDT）は、キリスト教系**サンディカリスト**がCGTを脱退して1919年に結成したフランス・キリスト教労働者同盟（CFTC）が前身です。戦後、宗教色を弱め、社会改革を追求することとして、名称を変更しました。規約では、「労働者共通の利益を守り、自由で責任のある民主的社会を建設する」としています。組織人員は81万人。フランス最大のナショナルセンターです。大会は3年に一回開かれます。

フランス労働総同盟「労働者の力」（CGT・FO）は、共産党指導部のゼネスト方針に反対した穏健派が、1948年に結成したナショナルセンターです。政党ばかりでなく、政府、使用者、宗教から独立した組織として、政治的には中立、経済問題について使用者と交渉することを運動方針としています。組織人員は80万人、大会は3年に一回開かれます。

●サンディカリスト
労働組合至上主義者。資本家や国家主導の経済運営ではなく、労働組合の連合による経済運営を行おうという思想を持った人々。

◇中華全国総工会◇

中国のナショナルセンター。1948年に組織が再建されましたが、政治の影響を大きく受け、文化大革命中は機能が停止、その後復活しました。かつては東側労組とともにWFTUに加盟していた時期もありますが、現在はITUCにも加盟せず、独立した国際活動を展開しています。共産党の指導を受ける組織なので、自由で独立した組織ではないとの批判が根強くありますが、連合はじめ欧米の労組とも交流があります。ILOの労働側理事のポストを確保するなど、国際的にも存在感を強めようとしています。

中国共産党が労働組合の組織拡大、活動強化の方針を示していることもあり、現在の組織人員は2億8000万人にのぼっています。中華全国総工会は、労働組合の役割として、擁護（職場における労働者の権利の擁護）、参与（国政や企業運営への参加）、建設（社会主義市場経済に向かって、労働者の生産向上や技術革新に取り組み）、教育（学校など労働者のための教育訓練施設を運営）を掲げています。

現在主席を務める李建国氏は、中国共産党の中央政治局員でもあります。大会は5年に一回開かれます。

◇韓国のナショナルセンター◇

韓国には、韓国労働組合総連盟（ＦＫＴＵ）と韓国全国民主労働組合総連盟（ＫＣＴＵ）の、２つのナショナルセンターがあります。２つともＩＴＵＣとＩＴＵＣ－ＡＰに加盟しています。

韓国も労働組合の組織率は10％と低く、国民的な支持も十分とはいえず、こうした現状を打開することが課題になっています。90年代には日本の労使関係

☆ Column ☆
ILO 総会での日本の“女性活躍度”は？

“女性が活躍する社会”は西欧先進国では常識。ところが日本では、就業者に占める課長以上の女性は 11.9%、女性国会議員は 7.9%（2012 年）。安倍政権は“女性が輝く社会”と号令をかけ、2020 年までに指導的地位の女性割合を「30% 以上」にと目標を掲げています。第２次安倍改造内閣では女性大臣５人を誕生させましたが、その後、政治資金規正法違反の疑いなどで問題となり、辞任に追い込まれました。

「30%」の目標は実は、なんと四半世紀も前の 1990 年に国連の経済社会理事会で採択されていますし、ＩＬＯに至っては 1975 年から何回も、女性が男性と同じ基準で総会の代表に選ばれるよう各国に求めています。その結果というか、まだそうなのかというべきか、ＩＬＯ代表の平均女性比率は 2014 年で 29.8%（2005 年 22.3%）。政労使別にみると、政府代表団 34.9%、使用者側 25.9%、労働者側 23.6%と、労使の低さが目立っています。

では、直近の 2014 年総会での日本の代表団の“女性活躍度”はどうだったのでしょうか。労働者側は古賀連合会長以下９人のうち女性３人、政府代表団は 15 人中５人と、いずれも 33.3%。これに対して使用者側は５人全部が男性。これでは落第と言われそうですね。日本の労働側女性３人のうちの１人、連合の大久保暁子国際局長は「強制労働条約」の委員会に参加して、採択された「1930 年強制労働条約」（29 号条約）の新しい「2014 年議定書」の審議に一役買いました。

を参考に企業別組合による企業レベルの対話を目指してきましたが、21世紀に入ってから労組は産別化の動きを強め、むしろ欧米型の労使関係を目指しているようです。

韓国では1961年5月の軍事クーデターで全ての組合活動が非合法化され、同年9月、ＦＫＴＵは軍事政権下で認められた唯一のナショナルセンターとして結成されたが、軍事政権下で労働組合活動は大きく制限されていました。その後の韓国の民主化で労働組合活動も活発になって、ＫＣＴＵが1995年に結成、1999年に公式に政府に認可されました。従来、ＦＫＴＵは穏健で政府に近く、ＫＣＴＵは過激で反政府と言われ、組織争いもあって両ナショナルセンターは対立することも多かったが、アジア通貨危機以来、共同行動をとることもみられるようになっています。

ＦＫＴＵは組織人員94万人、毎年大会が開催されます。また、ＫＣＴＵは組織人員81万人、大会はやはり毎年開催されます。

第7章
対談「明日の連合を語る」

連合事務局長　神津　里季生
労働評論家　久谷　與四郎

派遣法案反対で、ユニオニオン君も登場して、街頭キャンペーン

政策力は強化されたが、組合員との間に距離感が…

久谷　「連合」が結成されて25年になります。その前に民間連合の時代がありましたから、実質的にはすでに27年の歴史を刻んだことになります。連合の誕生は、それまでの左翼的、階級的労働運動から脱却して、どこからも独立し自由で民主的な労働組合の結集という、労働組合本来の姿を追求した労働戦線統一が、永年の努力で実現した結果でした。

神津　歴史をたどれば、戦後すぐにかなり左翼イデオロギーにも影響された、闘争至上主義の時代がありましたね。終戦直後は激しいインフレの上に食糧難で、明日の生活にも困る状況だったから、とにかく、明日のための賃金を確保しなければならない。そんな時代のなかでの労働運動だったと思います。やがて闘争至上主義のもたらす矛盾を克服し、私の出身の製造業の労使関係でいえば、「生産には協力し配分では対立する」といった経済闘争にシフトし賃金水準も相当に向上しましたが、**オイルショック**が曲がり角でしたね。春闘を中心とした個別企業労使の交渉だけでは、自分たちの将来を描くことができない状況になった。物価、税金や社会保障、それに雇用政策など、企業や産業レベルの労使関係を超えたテーマが多くなって、労働者生活に配慮した政策が伴わない限り、本当の意味での生活向上が

●**オイルショック**
1973年第4次中東戦争が発生、アラブ産油国が原油の減産と大幅値上げを行い、石油輸入国の日本では〝狂乱物価〟が起き、失業増大、貿易収支悪化の大打撃を受けた。

労働評論家　久谷與四郎

おぼつかなくなってきたんです。そこで、民間の組合が集まって「政策推進労組会議」ができ、それが中心になって民間労組の「全民労協」、そして民間の「連合」結成へと進んで、1989年に労働界の宿願だった最終目標、「連合」の発足となったのです。

久谷　結成の時に掲げた方針の〝力と政策〟とか〝家庭の幸せ〟というスローガンや言葉、連合の愛称歌「幸福《しあわせ》さがし」のメロディーなど、結成大会の非常に新鮮なイメージは、今も鮮明に覚えています。

神津　統一が実現するまでは、総評、同盟などナショナルセンターが4つもあって、バラバラにやっていても埒《らち》があかなかった。働く者の政策というものを打ちたてて、国や政党、さらには各自治体と協議をして、着実に実現していくようにしないと、生活向上はなかなか進まない。この25年、連合は内部で議論を重ねた末に作った政策に基づいて、きちんと主張できるようになった。**連合総研**も設立し、そこと連携をしてどこにも負けない総合的な政策をつくれる機能も確立しました。これ

●連合総研
連合総合生活開発研究所。連合のシンクタンクとして、1988年設立。勤労者とその家族の生活向上、日本経済の健全な発展と雇用の安定に寄与することを目的に、幅広い調査・研究活動をしている。

は、連合結成の成果としての大変な財産です。例えば、3・11東日本大震災で原発事故が起きた後も、エネルギー政策を徹底的に議論して、連合として一つの考え方にまとまって来ました。これなども、労働界が一本にまとまっていなければ不可能だったでしょうね。大きな財産だと思います。

久谷　何といっても、ナショナルセンターとして政策能力が相当に高まったというのは同感です。同時に、産業別の組合、いわゆる単産の政策能力も間違いなく高まった。その一方で、出来ていないことって、どんなことでしょう。

連合事務局長　神津里季生

神津　良く言えば成熟かもしれないが、一人ひとりの組合員との認識、意識の共有ということでは、ちょっと弱くなったのではないかと感じています。一人ひとりの組合員と、労働組合との間に、少し距離感が…。どうやって一人ひとりにきちんと話ができるか…。これには〝魔法の杖〟があるわけではなく、地道な取り組みを、検証も含めてちゃんとやるということに尽きると思っています。

育児休業法の成立は「力と政策」の最初の金字塔

久谷　残念ながら組織率の減少に歯止めがかからない。労働組合が一番必要だと思われる非正規雇用などの労働者に、労働組合の光が届いていない現実がありますが…。

神津　連合が結成されて出来たことと、出来ていないこととの中間に、この問題があると思っています。結成から10年経たところで、連合のどこに課題があるのか、外部の有識者にズバリ指摘して頂きました。例の中坊委員会、つまり**評価委員会**を作って、グサっとくる言葉で忌憚《きたん》のない意見を出してもらいました。もちろん、その指摘のすべてにわたって出来ているわけではありませんが、例えば地方に行政、**労福協**、NPOとも連携した「**ライフサポートセンター**」を作って、働く人の暮らしに関する不安に手を差し伸のべる、ワン・ストップ・サービスの応援の取り組みを、年々前に進めてきています。いま〝1000万連合〟を掲げて、労働組合に参加する人を増やす努力をしていますが、一つのポイントは、いかに困っている人たちに手を差し伸べるかであり、連合組織とこのライフサポートセンターが協力して、いかに有効に展開させるかです。

久谷　あまり指摘されていないけれど、連合が結成されて最初の大きな成果は、1992年の**育児休業法**制定だったと思うのです。まだ民間連合の時だったた

●**評価委員会**
連合結成から12年の2002年、運動全般や連合の社会的評価などを聞くため、7人の外部委員で設置され、翌年9月に報告が出された。座長の弁護士・中坊公平氏の名を取って「中坊委員会」ともいわれる。

●**労福協**
正式名称は労働者福祉中央協議会で、労働団体、勤労者が力を合わせて福祉活動を推進することを目的に活動を、地域中心で行っている。

1989年の参議院選に連合は、「連合の会」の名前で12人が立候補して11人が当選しましたよね。そのうち2人が女性議員だったのですが、この時の選挙は社会党の土井委員長の〝マドンナ旋風〟もあって、与野党含めて一気に女性議員22人が誕生したんです。

法案そのものは全民労協の働きかけで1987年に、社会、公明、民社など野党4党の共同で国会に提出されていたが、何度も継続審議、廃案を繰り返してたなざらしになっていた。そこで結成直後の連合は、90年春闘の政策課題に育児休業法の成立をテーマに据え、国会では連合参議院のパイプと女性議員パワーを動員。春闘交渉では当時の電機労連などが制度確立を要求、大手、中堅企業で大前進させた。それに、全国の町では「1000万署名」に取り組んで1年間で500万を達成しました。国会の内と外との連携した運動が盛り上がって、自民党もやっと動いて、法案は成立した。まさに連合が結成されたからこその「力と政策」が発揮され、非常に分かりやすい成果を勝ち取れた。誇れる成果だと思います。

働き方を変える〝国民的大運動〟を考えたい

神津　そういう意味で大きな成果でしたね。

●**ライフサポートセンター**
勤労者の暮らしに関する不安や困り事に対して、連合を中心に中央労福協、労金、全労済やNPOとも連携して相談を受け、ワン・ストップで解決、安心につなげていくサービスの拠点。

●**育児休業法**
子供が満一歳（保育園に入れない場合1歳半）まで男女ともに取得できる。92年施行。取得者には雇用保険から生活援助の給付がある。改正で、介護にも休業が認められた。

久谷　さて、連合の明日を考える際、労働時間の問題は避けて通れません。労働の質とか、ワーク・ライフ・バランスに直接関連する課題です。

神津　ワーク・ライフ・バランスの実現は、大変重要な課題です。まず、労働時間の現実を改めないと、どうしようもないと思います。〝過労死〟という言葉は、オックスフォードの大辞典にも載っている、日本発の不名誉な言葉ですが、毎年脳疾患、心疾患で亡くなる労働者が労災認定で100人を超えているのが現実でしょう。それに〝ブラック企業〟などという言葉も生まれている。

それに安倍政権は、労働者保護ルールを岩盤規制だとレッテルを張ってドリルで穴をあけると言い、いわゆる**ホワイトカラー・エグゼンプション**の導入を考えている。働き方のルールは岩盤どころか、現実はヒビだらけなんですよ。安倍政権はそこに目をつぶっています。むしろ岩盤を固め直して、目の前の見たくない現実をなくすことが先決です。

久谷　その目の前の見たくない現実を、どのように消去していくのか、労働側としての考え方を具体的に聞きたいですね。

神津　極論すれば、日本の労働者はいま、正社員で長時間労働か、非正規で不安定・低賃金かの選択に迫られているのが現実で、そんな働き方で日本の労働時間短縮が一向に進まず、結果的に女性の社会進出の障害にもなっているんですよ。連合とし

●ホワイトカラー・エグゼンプション
第4章の94ページ脚注を参照。

てこれから、日本人の働き方を変える国民的運動を巻き起こすことを考えます。これには法制面の改善も必要で、労働時間の上限規制、休日の強制取得、**インターバル規制**など、無理な働かせ方をさせない法的ルールを導入することが重要です。同時に、われわれ労働組合も本気で、長時間労働是正の運動をやれねばならないですね。運動方針に書いたら、それで終わりのような運動にはしません。連合はこの9月（2014年）に、「STOP THE 格差社会！ 暮らしの底上げキャンペーン第3弾」をスタートさせ、労働者保護ルール改悪阻止の運動を展開していきます。11月を過労死等防止月間として、「自分の職場から過労死を出させない」と宣言して、全組織あげての活動をやります。

久谷　今後、連合の政策能力と突破力に大いに期待したいですね。で、もう一つ、労働組合自身の範囲にある「36協定」の運用改善も重要だと思いますが…。

神津　そこが結局、尻抜けになっているではないですか。連合として具体化を進めなければなりませんが、やはり歯止めを作らないといけないと思います。

久谷　尻抜けどころか、36協定が無制限の残業の免罪符のようになっている。1947年に施行された労働基準法が、8時間を超えて労働させる場合には労使で協定して労働基準監督署に届け出ることを条件にしたのは、労働組合が関与すれば〝無制限の残業は抑制される〟と期待したからなのです。それが、現実には全く逆

●インターバル規制
第5章の141ページのコラム参照。

の使い方になっている…。労働組合側にも一半の責任はあると思います。

神津　労働組合のあるところは、基本的にはちゃんと目的に沿ってやっているんです。ところが、組合のないところや、組合があっても労使関係がきちんとしていないところでは「労働者の過半数を代表する者」がいい加減になっているんです。

久谷　そう、総務課長が協定書面にハンコを押しているという話もありますからね。やはり、労働組合が組織をきちんと拡げていく努力、それに労働組合を組合らしく機能させることがものすごく大事だということですね。

「働くことを軸とする安心社会」へ

もう一つ、連合がこれから取り組まなければならない問題に、世界的な傾向でもある「雇用の質の低下」への対処ということがあります。簡単にいえば、正社員でないパートとか派遣といった、いわゆる**非正規雇用で働く労働者が全体の4割近く**にもなっている。これは別の見方をすれば「雇用の多様化」という側面もあって、働く人の価値観の多様化や高齢者の働く場の提供に役立っていると考える人もいます。労働運動はこれから、この問題にどのように立ち向かっていきますか。

神津　連合は2010年にめざす社会像として「**働くことを軸とする安心社会**」を

●**非正規労働者の比率が4割近く**　総務省の労働力調査では、パート・アルバイト、派遣、契約社員などが非正規雇用者と分類され、2014年6月で1936万人、36・8％に上る。女性では55・5％。

●**働くことを軸とする安心社会**　働くことに最も重要な価値を置き、だれもが公正な労働条件で多様な働き方を通じて社会に参加、自立して自己実現に挑戦できるセーフティーネットの備わった社会。

提起しましたが、そこでは5つの“架け橋”（53ページの図及び資料編参照）を掲げています。その橋には、雇用と雇用をつなぐ橋があって、多様な働き方は当然あってしかるべきという考えが基本になっています。パートからフルタイム、その逆にフルタイムからパートへと、働く側のニーズに合わせて選択できるような、多様な働き方の実現を目指しています。問題なのは個々人の選択ではなくて、選択の余地がないので仕方なく、「不本意だけど非正規で就労せざるを得ない」という現在の状況です。これには、公正なワークルールの整備、労使関係がきちんと機能しているという基盤が必要ですし、特に男女がともに働き続けるためには、子育てや介護を社会全体で支える仕組みを作ることも大切です。それから、雇用と退職後をつなぐ架け橋もあって、高年齢者の知識や経験を社会に活かした生涯現役社会も提起しています。

久谷　フルタイムとパートの相互行き来の仕組は、オランダが法律で規定して成功しているという例もありますね。さすが政策能力を磨いてきた連合ならではの、トータルな政策だと感じます。それをどのように実現していくか、取り組んで行くかという大きな課題があると思いますが、それはどのように…。

神津　やや将来を展望した提言ですから、われわれの意識改革と併せて、ブレークスルーしていかないといかんと思うんですが、やはり労使関係の根をすべての雇用形態の労働者にしっかり張ることが非常に重要です。その意味で、組織の拡大、1000万連合をしっかりと目指したい。ただ、そこのところの表現で、もう少し上手く、広がりを持つ言葉にできないかなと思っています。というのは、組織拡大とわれわれが言うと、主体がどうしてもこっちではないですか。やはり、主体はあくまで働いている人たちであって、その人たち自身で組合がなくてはいけないな、経営者とまともに話が出来ないといけないなと気付く、その気持ちを大事にして、私たちが組合を作るのに手を差し伸べるというか、お手伝いするということでないといけないのです。

「同一価値労働、同一賃金」の徹底で日本は変わる

久谷　それは至言ですね。確かに、組織拡大と言うとき、どうしても主体を組合自体に置いている。雇用の多様化とか非正規雇用を考える時、雇用の安定化という問題は残りますが、問題の核心は「**同一価値労働、同一賃金**」が、日本では徹底されていないということが浮きあがってきます。極端にいえば、それを徹底できれば雇用の多様化に伴い出てきている問題のほとんどは乗り越えられると考えます。

神津　そうなれば随分変わりますよ。日本での労働の世界が変わってくると思いま

●**同一価値労働同一賃金**
性別、雇用形態、人種、国籍などに関係なく、同一の労働には同一の賃金率で賃金を支払う原則。ILO憲章前文にあげている。その後、第100号（同一価値労働についての男女の同一報酬）、第111号（雇用、職業についての差別待遇）の各条約や、女子差別撤廃条約などで、男女間などについて具体的に規定している。

す。派遣労働法改正案が現在立法化の過程にありますが、本来は、同じ仕事の均等待遇が当然だというふうにならなければいけない。むしろ、派遣労働者は雇用の継続性ということでハンデを負っているわけだから、本当は派遣の方が賃金が高いのが常識という世の中にしていかないといけないと思います。

久谷　普通の常識感覚で考えれば、そうなるはずです。派遣というのは、急場の時に頼む応援が本来の姿なんですから。でも、実際は必ずしもそうとばかりになっていない…。もう一つ日本の正社員雇用は、よく言われるように〝就職〟ではなく〝就社〟で、ある会社のメンバーになるという意味が強い。そこへ近年、欧米型の仕事とかジョブで賃金を決める労働者が増えてきた。それが非正規雇用の増大ですよね。**日本的雇用**のメンバーシップ型雇用と**ジョブ型雇用**の接点で問題が生じている。この2つの雇用、処遇体系の調和をどのようにやっていくか、これは非常に悩ましい問題です。労働組合も具体的に提案する、経営側からも提案があって、もちろん政府も考え方を提示して、議論しないと方向は出ないような気がします。

神津　そうです。やはり政労使の大きな枠組みで議論をしないとだめですよ。13年秋に賃上げを意識した政府の要望で政労使会議が行われて連合は参加しました。こちらの強い主張で、政府側が当初考えていた賃上げだけの重点でなく、それに中小企業、非正規雇用、人材育成を加えた4本の柱で文書がまとめられた。日本の産業

●**日本的雇用**
日本の従来からの正社員雇用は、職務も労働時間も勤務地も限定されておらず、上司の命令次第で転勤があり、仕事も変わるのが特徴。そのため、就職ではなく就社だといわれる。

●**ジョブ型雇用**
欧米では採用の際に、求められる仕事の範囲と賃金が決まっていて、それについて雇う方、雇われる方が契約する。従って、仕事がなくなれば、解雇(レイ・オフ)される。

社会はこの10数年ほどの近視眼的な対応の結果、本当の強みの源泉であった働き方を、少なからず劣化させてしまった。自分で自分の首を絞めるようなことをして来たのです。本当の意味で社会の活力を取り戻そうと思ったら、政労使の大きな枠組みで大所高所の方向性を、打ち上げていかないといけないと思いますね。

「政労使」の対話で、大枠の合意がポイント

久谷　その通りと思いますね。労働分野のいまの議論の状況を見ていると、政府から法案が出るたびに労働組合は反対していて、国民の目からすると労働組合は非常に保守的に映っている。パーツごとの議論ばっかりしていて、全体像の議論がない。やはり、日本の労働社会の姿をどのようにしていくのか、政労使で大枠の合意を形成することが大事ではありませんか？　そして、それを具体的に着実に実行するために法制化していくというようにしなければならないと思います。連合の役割は、その一点にあるといっても過言ではないと思いますよ。

神津　そこがすごく大きなポイントですよ。13年の政労使会議は第二次安倍政権がデフレ脱却のためにどうやって賃上げをするかということが動機で提起した。われわれとしては、そのようなテーマで総理が経営者に言えば、それで賃金がすべて上

がるなどという安直なものではないと主張して、中小企業、非正規の労働者への成果配分がキチンとされるように議論が整理されないと、経済そのものも前に進みませんよと言って、結果的にそこへも議論が及んだのは良かったと思います。さっき言ったように、人材育成についても議論がされました。

久谷　あの政労使会議は、結果としても良かったし成功したと思います。政労使の話し合いといえば、オランダの1982年の**ワッセナー合意**の成功という素晴らしい事例がありますよね。オランダはこの合意を軸にして、政労使が協力して失業増大とインフレ進行という国難の克服に成功、オランダ病とまで言われた経済不振から抜け出した。しかもパートタイム労働をきちんと位置付けることで、女性や高齢者が労働市場で働くことが当たり前という国に、いち早く転換したんです。その際、政府が法律を変えてパートタイム労働者とフルタイム労働者の権利を同一にしたということが大きかった。14春闘では、一部マスコミが〝官制春闘〟なんて心ない書き方をしましたが、15年ぶりにベアが復活したのも、政労使会議があったからですよ。労働組合が一つにまとまった連合があるということは、政府ときちんと対話出来る条件が整ったということだから、政労使会議は是非とも、定期的にやるなど、常態化すべきです。

神津　連合はそのように言っているのです。ただ、政府内でいろいろな意見もある

●**ワッセナー合意**
第5章「賃上げなどの労働条件の向上」、137ページのコラム参照。

ようだし、使用者側の賛同も不可欠です。いずれにしても、連合としてはとにかく、政労使対話は極めて重要だと考えています。

少子高齢化、人口減少の下での労働運動

久谷　では、次の議論に移りましょう。日本ではすでに、少子高齢化の進行で人口減少が始まっていますが、労働力人口の減少の下で生産力を維持し、日本の活力をどうやって保っていくか、国全体の大きな課題を抱えています。労働問題としても高齢化、少子化は表裏の関係にあります。このような大きな環境変化の中で労働運動を今後どのように構築していくかをお聞きしたいですね。

神津　これも、さっきの議論のように政労使の対話の中で大きな姿を描いていくべきだと思います。それを前提にして、労働運動の分野で大きな鍵となるのは、これもやっぱり長時間労働の是正への取組みだと思います。連合が提示する「働くことを軸とする安心社会」では、雇用形態に関わりなく男も女も、若者も高齢者も共に公平・公正なワークルールの下で働き続ける社会の実現を目標としています。このような社会が実現すれば、労働者が出産、育児、介護という責任を担う時期にも安心して働き続けられ、高年齢労働者は長年培ってきた知識や経験、能力を発揮して

生産活動に貢献出来るようになるのです。それは当然、若い人たちへの技術の伝承にも役立つ。高齢化、少子化の時代にあっても、日本の生産力のパワーアップに貢献こそすれ、ブレーキになんてなるわけがありませんよ。だから、長時間労働の是正にいかに取り組むかということが、われわれの前にどっかと横たわっている…。

久谷　その取り組みを具体的には…？

神津　実は大企業で労使関係がしっかり出来ているところでは、この10年の間に少なからずの努力がされており、いろいろな策を随分講じている。ただ、労働時間の是正というのは、企業それぞれの特性の中で労使が知恵を出し工夫してやっているので、あそこの会社で上手くいったからといって、そのまま他社でやっても上手くいくとは限らないんですね。でも、多くの事例が集まれば、必ず〝わが社にも〟というケースが出てくるでしょう。だから、個別の労使が持っている財産というか、知恵と工夫を、ただ一つの会社の中に閉じ込めておかないで、日本中に横に広げていくのが良いと思う。政労使でオーソライズして広めるという方法もあるかもしれません。でも、中小企業については大企業と同じにはいかない。例えば育児休業など、地域でのサポートを横断的にやる仕組みとか、別のアプローチも必要になってくるでしょうね。

労働組合への信頼を高める地域密着の活動

久谷　定年を迎えた高齢者への対応は、日本の労働組合は冷たいし下手だと感じているんです。定年になると、「はい長い間、ご苦労様」で、組合員資格もなくなってしまうのが、現在の多くの例でしょう。会社もそうですけど、労働組合も、貴重な人材を安易にドブに捨てているように思えてなりません。かつて松下電器労組（現パナソニック労組）会長だった高畑敬一さんが、定年組合員を中心にして夫婦で会員になってもらって**ＮＡＬＣ（ナルク）**という団体を作って、福祉活動を全国で展開して成功している例もあります。定年組合員の生きがいとともに、地域での幅広い福祉の担い手になることで、少子高齢化社会で不足しがちな分野へのサービスやマンパワーを提供するという活動は、社会に潤いを与えますよ。労組とＮＰＯ団体などとが連携してこれからの社会に出来る〝すきま〟を、効率的に埋めてやることで、住みやすい社会を作るのに一役を担えるように思います。

神津　地域でのライフサポートセンターは、まさにそういったところの活動の担い手にも支えられています。多くの60歳以上の方が参加して活躍している。そして連合に関係する先輩方の団体として**退職者連合**という組織もあって、年金や医療・介護、生きがいづくりといった分野で社会貢献活動を活発にやっているんですよ。ま

●**ＮＡＬＣ（ナルク）**
自立、奉仕、助け合いをモットーに活動、「時間預託」制度のユニークなボランティア団体。第二の人生を活き活きと過ごすことを目的に、全国に130拠点、会員は約3万人。

●**退職者連合**
1991年、連合の高齢者組織結成の方針を受けて設立。社会保障制度の充実を求める運動の他、地域で暮らしの相談などに応じている。

た、労福協とも各地域で幅広く連携してやっている。地域の福祉の取組みを支える存在として、その中心に各地方の連合会があるという姿なんですがね…。

久谷　それが全体像として、目に見えるようになっていない、そこが問題のような気がします。私がかつて取材した例で、日立労組が横浜・戸塚で「ゲン木くらぶ」という保育所を経営して、組合員だけでなく地域の人たちにも利用してもらってたいへん喜ばれている。園長さんが支部の執行委員長で、クリスマス会などにはサンタ役で奮闘して園児からも慕われている、なかなかユニークな活動だと思います。ただ、地域活動というのはそんなに派手なものでないから、なかなか労働組合の活動だとは外から認めてもらいづらい面がありますよね。でも、こんな地べたを這うような活動をコツコツ、着実にやることで、労働組合の社会性をアピールしていくことも重要だと思います。日本では特に、労働組合は自分たちの利益中心の集団だ、エゴイスティックだと世間がとかく見がちですから、なおこのような地道な活動が意味を持ってくるように思う。労働組合のメンバーシップを持たない人たちへも、例えば基金を作るなりして、一定の財源を割くことも大切だと思います。

神津　おっしゃる通りですね。連合大阪などでは外国人労働者のための労働相談を積極的にやっています。相談に来た人には**地域ユニオン**への加入を勧めるのですが、実際のところ、そういう活動を拡充すればするほど、財政的には苦しくなる。適切な表現ではありませんが、手間暇がかかるけれども、もらえるものはあまりないという活動も少なくありません。でも、それは労働組合の社会的責任の一端として、割り切っていかないといけない。そういう人たちの労働条件が少しでも良くなっていくことは、労働者の労働条件を安定させる基盤づくりにも繋がりますからね。目先の損得だけで考えてはいかんと思っています。安定的な労使関係を確立した大企業の労働組合も、そうではない中小企業の労組や地域ユニオンの運営に、一定の知恵と財政的負担などの手を差し伸べ、組合活動をそれなりにバックアップしてあげるという気持ちがなければなりません。

久谷　日本では今、急速に国際化が進んでいます。日本の労働者が外国に行って働

●**地域ユニオン**
だれでも個人で加入できる労働組合。ほとんどが特定地域を活動エリアにしており、コミュニティー・ユニオンとも呼ばれる。

くことが多くなるばかりでなく、国内に多くの外国人が入ってきて、そんな彼らと一緒に仕事を行うということが、ごく日常的になるだろうと考えます。労働組合の運営などへの影響は大きいはずです。

仕事の困り事があれば、労働組合へ

神津　この間テレビを見ていましたら、こんなことを言っていました。日本人は外国人から道を尋ねられるとすごく丁寧に教えてあげるけど、労働者として使う立場になると、とたんに随分ぞんざいになるというのです。確かに、そんなところがあるなあと思いながら見ていましたが、どっちの対応も自分と相手との間に、なんか壁というか、なんとなく構えた仕草があるように思いますね。島国ということからくるのでしょうか。

それに、自分の都合だけで物事を考えてしまう傾向もある。介護などで人手が足りないとなると、では外国から…、建設で技能工が不足すると、じゃあ技能実習生の滞在期限を延ばそうか、でしょう。行き当りばったりじゃないですか。これからの国際化時代、その産業とそこで働く魅力をアピールし、安全の問題や処遇、さらにはフォローアップ体制等々も含めて、労働組合としても絵を描いていかなければならないと思っています。

久谷 国境を超えた労働組合同士の交流という面でも、これまでのいわゆる国際交流のレベルを一段超えた活動が求められますね。

神津 連合傘下には**国際労働財団（JILAF）**という団体があり、途上国の雇用も含めて社会開発に随分貢献しています。従来の交流型で仲良くしましょうというところにとどまらず、いろんな分野の活動を展開しています。

久谷 いま話に出たJILAFの東南アジアでの活動には顕著なものがありますよ。数年前にバングラデシュに取材に行った際、向こうの労働大臣の口から直接、「JILAFには感謝している」と言われたのです。日本の生産のやり方や労使関係の作り方など、こっちに来て教えてもらって大変役に立っているということでした。東南アジアでは知名度も相当高まったJILAFの活動は、従来型の国際交流とは違うレベルの典型と言ってよいでしょう。向こうの国にはもちろん、日本にもプラスになるウィン・ウィンの関係で、双方の労使関係の安定に役立つ。資金の制約はあると思いますが、さらに力を入れてほしいものです。

神津 大事な視点だと思います。

久谷 こうやって話を続けていくと、労働運動に求められる課題は実に多いですね。私自身が一番心配していることは、働いている人たち、特に若い労働者の意識

●**国際労働財団（JILAF）**
第6章162ページの脚注を参照。

の中で、労働組合というものの存在が非常に希薄になっていっているのではないかということです。労働相談や労働審判などに問題を持ちこむ当事者のほとんどは、その前に労働組合に相談するということをやっていません。相談できる組合がないということもあるけど、労働組合の組合員意識調査で見ても、問題があったときに「組合に相談する」という回答がすごく少ない。会社の人事部に相談するという回答の方が、組合よりも多い。連合として、労働運動の有用性、簡単にいえば〝仕事に関して困ったら近くの労働組合へ〟と、強力にアピールしていくことがものすごく大事です。特に、若い人に対してのアピールが必要です。

地域の中に連合の姿を根付かせる

神津 そんな問題意識もあって、いま大学への寄付講座を増やしています。**教育文化協会**が母体となって、今のところは10の大学ですが、そのうちの6つは地方連合会で運営しています。これを47都道府県全部でやることが目標です。中学、高校の授業でも、働くことをテーマに話させてもらうことを考えたいと思っています。

久谷 現代社会で「働く」ということは、「生活」するということと、ほぼ同義語でしょう。だから、一人前の大人として独立する前に、働くということはどういう

●**教育文化協会**
労働者教育や文化活動支援の目的で、連合が設立した団体。大学への寄付講座の開講、RENGOアカデミーなどの育成事業のほかに出版も手掛けている。

ことなのか、そこにはどんなルールがあるのか、それが守られない時には、どんな救済手段が用意されているのか…など、子どもや大学生のうちにきちんと身に付けさせて、世に送り出すべきです。労働基準法などの労働法規のポイントや労働組合の役割を教えるのは基本でしょう。連合は、地方連合会や加盟組合の資源を結集するくらいの覚悟で取り組んでほしいですね。

神津　一気に達成という〝魔法の杖〟はやはりないわけで、コツコツと努力を重ねて行こうと思っています。同時に、それぞれの組織内で、組合員からの信頼を高める努力や、組織の点検もやっていかなければならないと思っています。

久谷　いずれにしても、日本社会の健全な発展は不可欠で、そのためには健全な労働組合があって、健全な労使関係はどんな時代にあってもなくてはならない存在だと信じます。これは、ただ単に働く人だけのためではなく、経営者の皆さん、政府にとっても同様だろうと思います。

そういう観点から、「明日の連合を語る」と題したこの対談の締めとして、連合は将来に向って何に取り組んで行くべきかを語ってもらいたいと思います。

神津　まずは、連合が核となって、社会と働く者に必要なことを実現することです。組織の内外を問わず、相互のつながりを確かなものとしつつ、政策を実現して、そのことを社会に還元、循環させて、連合がよりよい社会の実現に寄与するおもとになるということです。社会の中で、地域の中で軸になっていくということです。

久谷　地域の中に連合の姿がある、あるいは存在感を発揮していくということですね。

神津　そして、そのことも含めて、2つ目には連合の発信力を高めていくということ。それは発想力も含めてですのですが、政策の形成力そのものは、この25年間しっかりと運営し、実現してきたと思うのです。それが、必ずしも社会から理解されたわけではない。理解されるべきことは、こちらが努力しなければいけないわけで、もっと連合の姿がしっかり見えるようにしていく。地域においてもそうだし、連合本部が率先して、連合というのはこうですよという輪郭をきちんとさせる。あるいは遠くからでも見えるように顔を大きくする。こういうことだと思います。これは組織の内外においてです。

久谷　連合が見える存在となるように、アピール力、訴える力を高める、パワーアップする…。

神津　後は、やはり将来にどうつないで行くかですから、若い方々の関心を引き出し、労働組合内部での人材育成にどうつなげていくかです。これは連合としても、また構成組織の産別組合、企業の単組にしても、だいたいそのプログラムを持ってきましたが、そのリフレッシュを図りつつ、さらなる拡がりを持たせ、しっかり遂行していくことです。法政大学と連携して始める**連合大学院**は、15年4月からいよいよスタートします。教育文化協会で運営しているRENGOアカデミー・マスターコースといった人材育成プロジェクトも着実に実績をあげてきています。今後必要なことは、組織の中だけということではなく、新しく労働組合に参加する人たちも含めて、主体は若い方々なのだから、その力をどうやって引き出し、発揮できるようにするかです。

久谷 労働運動の明るい展望が、連合を中心にして拓けていくことを期待します。

神津 どんな時も希望を捨てずに頑張っていきます。

●**連合大学院**
労働組合や社会福祉団体などの政策立案と推進能力を持つ専門人材の育成が目的。法政大学院が連合の協力で運営に当たり、公共政策と政治学を横断する修士課程プログラム。院生定員は10人、うち連合などの推薦もある。

資料編

連合の進路

（綱領的文書として1989（平成元）年11月21日の統一大会で制定。「綱領」「基本目標」「課題と使命」で構成されている。）

綱領（全文）

1．われわれは、自由にして民主的な労働運動の伝統を継承し、この理念の上に立って労働者の結集をはかり、労働運動の発展を期す。

2．われわれは、つねに社会正義を追求するとともに、「力と政策」を備え、完全雇用の達成、労働基本権の確立、労働諸条件の改善、国民生活の向上を実現する。

3．われわれは、あくことなくよりよい未来に希望をもち、国民の先頭に立ち、自由、平等、公正で平和な社会を建設する。

4．われわれは、労働組合の主体性の堅持につとめ、外部からのあらゆる支配介入を排除し、民主的で強固な組織の確立をはかるとともに、日本労働組合総連合会の強化・発展に努める。

5．われわれは、日本労働運動の国際的責任を深く自覚し、世界平和の達成と諸国民の共存共栄のために努力する。

基本目標（要約）

1．自主的組織として主体性を堅持し、自由にして民主的な労働運動の強化・拡大と労働運動の基盤強化をはかる。

2．賃金引き上げと労働時間の短縮、労働環境の改善など労働諸条件の維持・向上をはかり、人間性を優先したゆとりある生活を実現する。

3．「力と政策」を強化し、目的と政策、要求を同じくする政党、団体と協力して、完全雇用、物価安定、総合生活の改善・向上をはかり、活力ある福祉社会を実現する。

4．中小・零細企業労働者、パートタイム労働者などの労働条件の改善に努め、労働諸条件の格差圧縮をはかる。

5．未組織労働者の組織化を促進し、労働運動を充実・強化する。

6．官公労働者および公益産業労働者の労働基本権の完全回復をめざす。
7．日本国憲法の理念にそった自由、平等、公正で平和な社会を実現する。
8．軍縮、核兵器の全面廃絶と国際緊張緩和のために努力し、世界平和の実現に努める。
9．あらゆる分野に女性の積極的な参加を進め、男女平等の社会の実現をはかる。
10．労使対等の原則に立ち、相互の自主性を尊重した労使関係を確立する。
11．労働界におけるあらゆる独善的利己的勢力に対し、毅然たる態度をとり、分裂工作を自らの力で排除する。
12．綱領の理念を堅持するとともに、官・民はもちろん、構成組織間の相互理解をいっそう深め、これを基盤としたすべての労働者・労働組合の総結集をはかる。
13．政権交代を可能にする健全な議会制民主主義を実現する。
14．「国際自由労連」の一員として、世界の労働運動の前進に貢献する。

課題と使命（要約）

1．労働戦線統一への流れとその意義

1．日本の労働運動は、戦後の半世紀に近い歴史の中で、民主主義の確立と労働者の労働条件の改善、国民生活の向上に多大の成果をあげ、労働組合自体も着実な成長をとげてきた。
2．戦後の労働運動は、イデオロギーからくる運動理念の対立をもとに、分裂と再編を繰り返してきたが、その背景にあったマルクス・レーニン主義を主唱する特定政党の直接・間接の介入、干渉は目にあまるものがあった。
3．1973年のオイルショックを機に、日本経済の低成長と産業・社会構造の変化への労働組合の対応が求められ、民間労働組合は、従来の労働団体の枠をこえた共通認識が高まった。相互理解と信頼を深めつつ、労働戦線統一に不退転の決意で取り組み、1982年12月14日に「全日本民間労働組合協議会」を結成、1987年11月20日に「全日本民間労働組合連合会」に移行し、労働界全体の統一は大きく前進した。
4．そして、民間労働組合と官公労働組合の相互信

頼を深め、日本労働組合総連合会（「連合」）を結成した。日本労働運動の悲願であった労働界全体の統一がここに実現し、まさに、労働運動の新しい舞台に希望にみちた光が放たれたのである。

2. 労働運動をとりまく環境と課題

1. 戦後、わが国経済は急速な拡大、発展をとげ、労働者の労働条件も、着実に向上してきた。その間、世界を襲った二度にわたる石油危機と急激な円高にも、わが国経済は、労働組合の適切な対応と質量ともに優れた労働力の存在などがあって、その困難を乗り越え、諸外国に比べて順調に推移してきた。

2. しかしながら、高い生活費や長時間労働に見られるように、働く者の実質生活水準も年々の賃金引上げをはじめ政策・制度改善の努力にもかかわらず、その改善が遅れている。また、企業規模間の格差は拡大の傾向にすらある。

3. 1980年代の自民党政権による財政再建方針のもとでの縮小均衡の経済財政運営は、内需の停滞、貿易摩擦の激化、円高不況、産業・雇用の空洞化と地域経済の衰退、雇用のミスマッチなどをもたらしてきた。同時に東京一極集中による土地・住宅価格の高騰などひずみも拡大している。

4. 一方で、国際経済におけるわが国の比重の増大にともなって、政府・産業界の積極的な対応が強く求められている。あわせて、国際面におけるわが国労働運動への期待も高まっている。

5. わが国経済は産業構造の転換が進み、労働形態の多様化など雇用・就業構造も大きく変化しようとしている。その中で、労働組合組織率は低下を続けている。

一方、労働運動の活動領域が拡大している中で、企業別組合の欠点・弱点が浮きぼりになっている。この克服のため、産業別組織の一層の強化・拡大が必要である。

6. 自然破壊、環境汚染、新たな公害をふせぐなど、生活の場や職場環境をまもり、美しい国土保全に全力をあげる。かけがいのない〝宇宙船地球号〟を救い、地球環境の保全に総力をあげて取り組むことが重要である。

7. わが国は、世界に類を見ないスピードで高齢化が進展しており、労働環境のみならず市民生活と地域社会、教育などにも大きな変化をもたらしている。経済・社会の変革を先取りし、適切に対応していくことが求められている。「連合」は、多くの期待に応えるべく、その使命を自覚し、役割と責任を果たしていく。

3.「連合」の役割と責任

1. 名実ともに「全国中央組織」としての機能、役割を網羅し、自由にして民主的な労働運動の強化・拡大に努める。そして、労働組合の主体性を堅持し、外部からのあらゆる支配、介入を排除して、労働組合主義にもとづいた強固な組織を確立する。「連合」結成への努力を右翼的再編と一方的にきめつけ、教条的な誹謗、妨害をはかろうとする団体、組織に対しては、毅然として対応していく。
2. 内外の労働者との連携を強め、日本の平和的発展と世界の恒久平和の実現を期す。そのため、左右の全体主義を排し、民主主義を護り、自由・平等・公正で平和な社会の実現をめざす。
3. 社会のあらゆる分野での男女平等の実現、働く女性の雇用・労働条件の向上、母性保障の充実、社会環境の改善に取り組む。あらゆる分野への女性の参加を進め、男女平等社会づくりをめざした活動を進める。
4. 「力と政策」を強化しつつ、政策・制度課題の改善を積極的に進める。地域社会の活性化、広く国民生活に関連の深い諸課題に関する政策立案と合意形成、その実現と立法化の活動を強化し、労働組合の社会的責任を果たしていく。
5. 賃金闘争を総合生活闘争の一環として位置づけ、実質生活水準の向上をめざした活動を展開する。あわせて、労働時間短縮をはじめとする労働諸条件の維持・向上にむけての活動を推進していく。そのため、構成組織の力（交渉力・ストライキなど）の強化を背景とした闘争体制を確立し前進をはかる。
6. 中小・零細企業労働者およびパートタイム労働者などの雇用と生活の安定・向上をはかる立場から、賃金・労働時間など労働諸条件の格差圧縮に努めるとともに、企業基盤の安定・強化のための政策の確立とその実現をめざしていく。
7. 経済・社会の構造変化を的確に捉え、新たな時代を先取りした総合的対策を確立し、その推進に全力をあげていく。労働者の福祉向上、自由な時間の拡大・充実、生涯教育の確立など精神的、文化的な活動にも積極的に取り組んでいく。

8．労働組合の団結を強化し、組織の強化・拡大を進めていく。そのため、構成組織相互の理解と信頼をより深める中で、協力関係を強化しつつ、産業別組織の再編・統一、加盟組織の拡大を推進していく。

9．組織率の向上に全力をあげるため、産業別企業別組織の組織化努力とあわせて、中央・地方における「連合」の総力を結集していく。労働諸条件の成果を未組織労働者に波及させつつ、労働者全体の経済・社会・政治の各面における地位の向上をはかっていく。

10．組織の確立・強化をはかり、中央・地方一体となった活動を進めていく。

11．年金、医療、福祉など社会的制度の充実とあわせ、労働者の自主的な福祉共済制度の総合的確立をはかり、生涯設計をより豊かなものにしていく。

12．「連合」は、政治の流れを転換するための新たな起爆剤的役割を果たす責任がある。目的と政策、要求が一致する政党、団体とは、相互の自主性を尊重しながら必要に応じ協力して活動を進める。なお、政党支持については、当面、構成組織の判断に委ねる。

13．国際自由労連の一員として、世界の労働者との連帯を強めながら、世界の恒久平和の実現、国際公正労働基準の確立、国際経済社会の新秩序形成に向けての活動を積極的に進めていく。

連合行動指針

（連合評価委員会の最終報告を受けて、２００５（平成17）年10月6日、第9回定期大会で制定された。）

序文―行動指針の目的および意義

労働組合は、経営者・政府・政党等から独立した自主的な組織である一方、労働組合は、社会の重要な構成員として、その行動、組織運営について、社会に説明できるものでなければならない。労働組合自らが、法令や社会的ルールに基づいた近代的で公正・透明な運動と組織運営を確立し、組合員はもとより未組織労働者や社会全体から「信頼される」存在でなければならない。

私たちは、この「連合行動指針」のもと、日本のナショナルセンターとしての責任と役割を十分に果たしうる運動と組織を構築することをめざす。

（要約）

第1条　私たちは、「連合の進路」のめざす社会の実現に向け、労働運動の担い手として求められる高い志と倫理を堅持し、行動する。

第2条　私たちは、組合員の視点に立った運動を展開するとともに、全ての勤労者・市民に共感される運動をめざす。

第3条　私たちは、法令や社会的ルール、自らの規約・規則に基づき、民主的な意思決定、適正な会計・財政運営、近代的な事務局運営、信頼される事業活動など、透明・公正な組織運営を行う。

第4条　私たちは、企業や使用者による不正や不公正を見逃すことなく、その社会的責任を全うさせる運動を推進する。

第5条　私たちは、人権を尊重し、人種・性別・身体的特徴・年齢・思想信条・門地等による差別を行わず、またそれを許さない。

第6条　私たちは、組合員や社会に対する積極的な情報公開を推進するとともに、個人情報の保護に努める。

第7条　私たちは、社会の一員であることを自覚し、地域および国際社会において、平和・人権・福祉・環境・教育・安全など、広範な社会貢献活動に取り組む。

連合評価委員会最終報告（要約）

〈連合は2002（平成14）年に、連合の労働運動の課題と問題点を提言してもらい、運動の再構築とその方向性を定める目的で、外部委員で構成される「連合評価委員会」（座長・中坊公平弁護士）を設置した。同委員会は2003（平成15）年9月12日、最終報告をまとめた。〉

1．危機の現状

1－① 労働運動をとりまく社会状況―現在の日本で進行していること

〈進行しつつある現状〉

競争主義・市場主義が流布していく90年代以降の日本では、格差の拡大と不平等の進展が深刻化してゆく。しかも、IT革命が技術変化のスピードを加速化させ、働く者がそうした変化についていくためには、多大な労苦が強いられるようにもなった。その一方で、仕事の中身が平準化・パターン化され、長年にわたり技能を積み上げてきた人たちが尊敬されない状況も生まれている。こうした状況の下で、「公正な分配とは何か」との視点が急速に抜け落ちようとしている。

〈ゆるやかに深まる危機〉

競争主義や市場主義の蔓延は、人々の心にも暗い影を落としている。際限のない賃下げ競争に駆りたてられ、リストラと称して会社から人間が追放され、失業者が増加し、社会から人間が排除されようとしている。

経済、政治、社会のあらゆる場面において、緩やかで、しかも螺旋状に深まる危機の中、働く者がよく目を凝らし社会を見つめなければ、問題意識が拡散してしまう時代状況にあるため、悪い出来事はまるで、「自分の家の窓の外」だけで起こっているかのような感覚に甘んじている。「窓の外」は寒いが、「家の中」は暖かいから「窓の外」にさえ出なければよい、という錯覚にとらわれたまま、家の土台は寸前まで土砂が崩れ、断崖が迫ってきていることには、目をつぶってしまっている。だが、寒いのは「窓の外」ではないのだ。

1―② 労働運動の現状：このままでは労働運動の社会的存在意義はますます希薄化

(1) 質・量の両面において危機的状況

正社員は、特に1990年代の後半以降、劇的に減少し、代わってパートタイム労働者や派遣労働者、アルバイトなどに代表される非正社員が急増している。新分野で働く人々を積極的に組織化することなくしては、労働組合の組合員数が、減少の一途をたどることは明白である。

労使対等という意識も希薄化し、労働組合の原点である「雇用重視」の防波堤さえも崩されようとしている。企業不祥事に際しても、労働組合のチェック機能の弱さがみられ、カウンターパワーとしての組合が機能不全に陥っている。このように、労働組合活動が危機的状態に陥っている背景には、社会状況の変化という外在的領域のみならず、労働組合の内在的問題も山積みしている。

(2) 外部から見て、今、労働組合はこう映っている

連合の運動も活動も、国民の眼には、はっきり見えていないのではないか。労使協調路線のなかにどっぷりと浸かっていて、緊張感が足りないとも感じられる。

マネーゲーム化した資本主義の荒廃や、不平等・格差の拡大という不条理に対する怒りがあまり感じられず、その運動に迫力が欠ける。組合自体にエゴが根付き、守りの行動になっているとも見える。変化する社会に対応できる小回りのきく組織形態になっておらず、女性や若者などのために役割を果たしているとは思えない状態にある。

働く国民の利害を代表する組織に名実ともになり、国民が連帯できる組織となるために、労働組合が思い切った変身を遂げる必要がある。

2．改革に向けての視点と方向性―労働運動のあり方、理念の再構築

2―① 労働運動の理念・思想の再構築を

(1) 労働の価値を見直し、労働運動の存在理由を再構築する

労働の原点を見つめれば、働くことが、単に生活の糧を得るためだけではないことが理解できる

はずである。働くことそれ自体が自分の喜びにつながり、生き甲斐をもたらす。
それと同時に、自分が働くことが、他人のためにも役に立ち、さらには人間の社会全体に貢献するという普遍的な意味を持っていることを自覚する必要がある。働く者が働くことの意味をもう一度確認し、働くことの意味を、誇りをもって社会に訴えなければならない。

⑵ 弱い立場にあるものが、協力、連帯してこそ不条理に立ち向かえる

弱い者の連帯の組織である労働組合が担う労働運動の根本的な使命は、社会の不条理に対して異議を申し立てることにある。労働組合員が自分たちのために連帯するだけでなく、社会の不条理に立ち向かい、自分よりも弱い立場にある人々とともに闘うことが要請されているのである。
「強い者がより強く」生きる社会に代わる、新しい価値を、弱い者の連帯する組織である労働組合こそが創り出さねばならない。

2-② 転換点（エポック）に立ついま、21世紀の労働運動はどうあるべきか

⑴ 今、労働運動に一番求められているのは、高い"志"、不条理なものへの対抗力、それを正すための具体的運動と闘う姿勢

労働組合とその運動には、社会の不公正や不条理に対する異議申し立てを行うという大きな使命が課せられている。マネーゲーム化した資本主義の荒廃・ゆがみに対し、額に汗して働く者の誇りをかけた対抗軸を打ちたてることが強く求められている。倫理観、労働の価値観を、人間性を中心において、働く者の視点に立って再構築することが必要である。「マネー中心の市場第一主義」ではない、「労働中心の人間第一主義」という視点を、世に発信してゆくことが労働組合の果たすべき役割なのである。

⑵ 労働者の自立と自律、そして連帯へ

労働者には、誇りと責任感を持って自立（自律）することが必要である。誇り、使命感を持つ人間である、というプライドこそが、連帯し、団結す

ることを可能とし、経営者に対等にものが言えるようになるのである。

労働組合は、果敢な行動力、効果的なアピール力を持つ必要がある。働くことの価値を見直し、労働運動の理念を再構築してゆくこと、その積み重ねが多くの人々の共感を呼ぶのである。

3. 改革の課題・目標

Ⅰ 働く者の意識改革を―自らの本質を問い直す

(1) HOW文化からWHY文化へと一人一人の意識を転換する

労働組合・運動を再生するための改革の第一歩は、働く者の意識改革である。なぜ労働組合・運動は今のような状態に陥ってしまったのか、働く者一人一人が自ら「なぜだ?」と問い、互いに問いかけあうことが必要である。いかに対応するかを考える「HOW文化」から、なぜこうなったのかを考える「WHY文化」へと転換することが必要なのである。

(2) なぜだと自分に問いかけ、働く仲間と広く議論し、勉強しよう

一つの職場、一つの企業を超えて、他の企業で働く人々、地域や産業、就業形態を超えて、さまざまな働く仲間たちと話し合うことが重要である。自分たちの置かれている状況について、企業内のことだけでなく、税・社会保障制度、政治についても貪欲に勉強し、社会制度の不公正を正してゆかなければならない。一人一人が意識改革をおこない、なぜだと考え、勉強してゆく。そのような地道な活動が、より大きな運動のうねりへとつながってゆくのである。

Ⅱ 企業別組合主義から脱却し、すべての働く者が結集できる新組織戦略を

(1) 企業別組合の限界を突破し、社会運動としての自立を

労働組合の組織率の低下、組合員数の減少は、現在の労働組合の主流である企業別組合では対応できない社会変化が起こっていることを示す。戦後の重化学工業化で形成された日本の産業構造は

崩れており、企業別の団体交渉による賃金上昇で分配を受けるという条件が喪失している。それどころか、アジア諸国への生産拠点の移動で、産業の空洞化現象が深化し、日本の産業構造は大きく変えられようとしている。労働組合の側も相当の覚悟で産業の転換に対応し、能動的に行動する必要がある。

第一に、企業別組合中心から産業別組織、ナショナルセンター、地域組織の強化に向けて、人の配置や財政の配分を見直し、それぞれの組織の役割分担を再度明確化することが求められる。

第二に、同時加盟・複数帰属を可能にする柔軟な仕組み作りの実現に向けた諸規則の改定が求められる。ある企業別組合に加盟しながら地域のパートユニオンにも加盟するということや、失業しても何らかのかたちで組合員資格を継続させ、就職支援のようなサービスを労働組合から受けることができるということである。

第三に、地域や職種などによるニーズの差を認め、それぞれのニーズに応じた活動を支援する仕組みを創ることが求められる。例えば知識・技能等の習得や交流を支援したり、単調な仕事を担うものを対象にスキルアップの機会を設けたり、就職の斡旋を行ったりするといったことである。

第四に、組織化戦略における各組織の役割分担の明確化が必要である。そのなかで、パート組合、職能別組合、地域ユニオン、サイバーユニオンの取り組みをより具体的に進めてゆくことが重要である。併せて、企業別組合以外の形態の組合が、自立して活動ができるよう、育成・支援することも大切である。

このように、より柔軟で、変化に対応でき、小回りがきき、多様な組合員のニーズをすくい上げられる能動的組織となることが、21世紀を生き抜く組織となるために成し遂げられなければならない絶対的条件である。

(2) すべての働く者が結集できる力強い組織拡大、活性化戦略を

正社員のみを対象とし、多様性を包摂できない組織は滅ぶ運命にある。労働組合はすべての働く者が結集できる組織でなければならないし、そうあってこそ、社会における存在意義も存在感も高まる。そのために、次のような変革が必要となる。

第一に、活動スタイルや組合の文化・風土を変革し、多様な属性を持つ労働者が等しく組織運営に携わることのできる体制に、積極的に変えてゆくことが求められる。

第二に、組織化が進んでいないパート等非正規労働者、若者、女性、中小・地場産業労働者、サービス・ソフト産業労働者へは重点的にアプローチする必要がある。

第三に、契約労働者、個人請負業者というかたちの雇用労働者以外の労働者が増加することが予想されるため、地域ユニオンやサイバーユニオンなどの取り組みを強化するなど、雇用労働者以外の労働者も包摂できる組織のあり方を模索する必要がある。

第四に、若者、女性が生き生きと活躍できる組合活動でないと、将来性はない。かれらの意見を反映させるパイプを目に見えるかたちで太くすることが求められる。

第五に、若者に積極的に働きかける必要がある。まず、小学生、中学生、高校生、大学生に対して、労働組合、運動に対する理解を深められるよう、積極的にアピールする必要がある。そのための多様な取り組み、教育活動を展開する必要がある。

第六に、フリーター問題が顕在化しており、かれらの教育・訓練問題に連合としても積極的に関与することは重要である。企業は従来の充実した教育訓練を放棄し、自己啓発を奨励し、即戦力保持者を重視する傾向にもあるため、ステップアップの仕組みを新たに、組合が提供することもまた必要である。

第七に、雇用を前提にした労働運動だけでなく、雇用されなくなった時の労働運動への参加を保障することも必要である。失業者、高齢退職者、外国人労働者、障害者、ホームレス生活者、近年増加しつつある新しい形態としての自営業者、個人請負業者などへのサポートを、他の組織との連携を取りつつ実施してゆくことが求められる。

第八に、NPO的な組織文化を研究し、活動を支援し、連帯することによって、NPOをはじめとする市民運動のパワーを取り込むことが、労働組合、運動にも新風をもたらすであろう。

(3) 職場から、地域から、空洞化する足元からの再出発を

職場や地域といった、労働者にとって身近な場所での地道な活動にしっかりと取り組むことがスタートラインとなる。現場から、足元から、当たり前の活動をしっかりと組立て直してゆくことが重要である。

地域での活動や共闘は、弱まっている傾向にある。地域での活動は、パートタイマーや中小企業労働者、未組織労働者や、年金受給者にとって、活動の足場となりうるものである。

地域において存在感を発揮してゆくことが、組合員にとっても、未組織労働者にとっても、運動が身近なものとして感じられる鍵となる。したがって、地域労働運動を強化することが不可欠である。

職場や地域において、世話役活動を担う人材を配置し、育成すると共に、体制を整備することは、是非ともなされなければならないことである。

Ⅲ 働く側の視点からの「新しい賃金論」

(1) パートの均等待遇の実現―「均等待遇」を変革の突破口に

パートと正社員の賃金格差には、働きに見合ったもの以上の「身分的な格差」があることは否定できない。そこに不満をもっているパート労働者は少なくない。

正社員がリストラを恐れ、切りもなく残業し、パートは責任がなくて楽だからとパートと正社員の格差を放置すると、結局は正社員の競争があおられる上に雇用が減少し、正社員自身の首を絞めることになる。そして、低賃金労働者が増加し、失業者が増加することは社会保障制度や財政にもダメージを与え、国民全体にとっても悪影響をもたらす。パートの均等待遇は、正社員のためにも、企業のためにも、財政のためにも〝得〟なのであり、働く者は結束してその実現を目指すべきであろう。

こうした均等待遇に向けての取り組みと共に、正社員の時短政策を推進することを突破口に、「真の男女平等参画」、「エイジレス社会」、「日本型ワークシェアリング」の実現につなげてゆくことは、働く者の生活を豊かにすることにつながる。中・長期的には「雇用差別禁止法」の策定を視野に入れ、性差別、年齢差別、賃金差別を禁止してゆくことが、国民が安心して働ける環境作りにも絶対に必要なことであろう。

⑵ **働く側の視点に立った「公正な賃金論」**

同一価値労働・同一賃金原則をもとに、正社員と非正社員の枠を超えた新しい公正な賃金論を確立することが急務である。組合自身が仕事の価値について、雇用形態や年齢、国籍、学歴等にとらわれず、客観的に見直し、基準を作り上げる作業をしてゆかねばならない。

「働きに見合った処遇」を得るためには、年功型賃金から職務型・職種型賃金への移行を、働く者の視点に立って実現させることが重要である。生活を保障する全国的なミニマム基準について、社会保障制度等との関連も含め検討し、組合独自に考案することが必要である。働く者の視点に立った、新しい賃金のあり方を確立させることは重要な問題で、より具体的なレベルに議論を深め、実行プログラムを伴うものにまでする必要がある。

仕事の価値付けの実現を阻む状況を打開するためにも、さまざまなサポートシステムを作り出し、環境を整備する必要がある。

⑶ **積極的雇用・労働市場政策で労働の価値そのものを高める**

「働きに見合った賃金」を実現させるためには、労働組合による積極的労働市場政策の展開が欠かせない。自立する個人を支え、労働の価値そのものを高めるサポートシステムを、労働組合が率先して、自立的に展開することである。

サポートシステムとは、①「いつでもやり直しのきく教育制度」によって、職業能力を開発し向上させ、ステップアップを保障すること、②「横断的な資格・評価制度を作ること、③「福利厚生の社会化、④「きめこまやかな職業紹介である。つまり、これまで企業内で提供されてきた教育や福利厚生を、企業まかせにすることなく、社会化してゆくことである。そして、これらを実現させるためにも、⑤「ＮＰＯなどとの広い連帯が必要である。

このようなサポートを得て、仕事の価値付けが行えるのであり、ひいては均等待遇、同一価値労働・同一賃金原則の実現へとつながる。そして、労働者が主体的に労働の価値そのものを高めてゆける手段を持つことにもなり、真の自立へとつながる。労働組合は、均等待遇の実現のためには、これまでの「既得権」を一部放棄する覚悟を持たなければならない。

Ⅳ 公正な分配を実現する社会制度の構築への参加を

(1) まじめに働く者の立場から、市場主義・競争主義を超えた新たなる「分配の基軸」を

日本の企業は、これまで、株主だけでなく、従業員も、地域社会も、地球環境も全て大切なものとしてとらえ、付加価値をバランスよく分配すること、そのような経営を目指すことを重視してきた。このような視点を取り入れつつ、新しい分配の基軸に関わる思想を再構築することなくしては、市場主義、競争主義に対抗してゆくことはできない。

そのためにも、労働組合には、経済民主主義の担い手として、経営に参加し、チェック機能を果たしてゆくことが求められている。そして、雇用と賃金、労働時間の適正な配分のあり方を、働く者の立場に立って、提起しつづけることが必要である。

(2) 社会保障制度の決定の場への労働組合の積極的関与を

税や社会保障、歳出を含む、負担と分配のあり方について、多くの国民が安心できる、公正でミニマムな分配の保障の仕組みを構築するべく、政策決定の場へは、働く者の代表として、積極的に関与し、働く者にとって適正な所得再分配の実現に向けて活動する必要がある。

税・社会保障制度や社会システムの「世帯主義」から「両立支援型」へ転換するため、労働組合の積極的、具体的な活動が求められる。また、新たな発想での柔らかな制度設計の仕組みを提案することも求められる。例えば市民の主体的参画による新たな「公共」を創造し、お金だけでなく汗やボランティアで国の財政に貢献するなどといった柔軟な仕組みが考えられるであろう。国の提供する社会保障と、組合が独自に提供する福祉の組み合わせを模索することも必要である。

(3) 世界的な分配の公正化を

現在、世界史的潮流のダイナミックな変化が起こっている。強者の論理がまかり通る、「強い者

がより強く」生きることを是とする機運が非常に高まり、国際的な連帯により秩序を作り上げようとする精神をないがしろにする傾向が強まっている。

人間らしく生きてゆける社会の創造のため、国をまたがり、働く者が連帯することによって、21世紀の新しい社会の選択肢を示さねばならない。そして、南北格差を放置することなく、世界的な分配の公正化に尽力することは、世界の平和のためにも、とても重要なことである。

Ｖ 新しい協力と連帯の中心に連合が立つ

(1) ネットワーク共同体としての労働運動

市民的参画と社会変革のためのネットワークを連合が中心となり作り上げ、社会正義の実現、時代の不条理に取り組む民主勢力の基点となることが労働組合には求められている。連合は全国にネットワークを張り巡らせており、全国に点在するＮＰＯ、ＮＧＯをつなぎ、ネットワーク形成の中心となることが可能な存在である。それによって新たな活力を労働組合・運動に呼び込むこともできる。

組合員がＮＰＯや社会運動に参画し、非経済的価値の中で汗を流す社会人としての表情を持つことで、企業という帰属組織の窓からのみ社会を見るのをやめることが必要である。組合員一人一人がＮＰＯに参画することも考えられる。

(2) 市民民主主義の前進

地域の生活や福祉の向上へ、一人ひとりがその決定に参加してゆくこと、つまり、市民民主主義の進展をはかることは、21世紀においてはより重要になってくる。

市民民主主義の前進の一翼を担うものとして、労働組合が存在意義を発揮する必要がある。知識経済ないし高度情報化社会において、格差は資産や資本の有無以上に、知的能力の有無によって生じる（デジタル・ディバイド）。教育機会の実質的な均等が保障されるように、知的能力の基礎が形成される就学前教育から社会人教育、職業訓練までを含んだ、生涯教育全体について、労働組合は積極的に関与する必要がある。

(3) グローバルな連帯と世界から見た日本の労働運動の再点検

世界情勢の大きな変化に対しては、労働組合が単に連帯するだけでなく、世界の経済、政治の変化に対して、どのような価値観を持ち、その下で連帯し、対抗するのかが重要となる。

アジア諸国の労働条件、処遇を向上させてゆくことは、同じ働く者の立場からみても重要なことである。労働組合の国際連帯活動に貢献することが必要で、アジアにおいても地域共通の社会政策を策定することを長期的視野にいれることも必要であろう。

4. この提言を生かすために

この提言を生かすために、連合は長期・中期・短期の各計画を策定して、それを実現し得る計画工程表を作成する必要がある。そのために、連合はすべての構成員による徹底した組織討議を盛り上げなければならない。策定に当たって留意すべき点は、労働組合員は、働く人々全体の中では比較的恵まれている層であるという状況にたいする認識を、まず持つことが必要なことである。

その上で、連合が果たすべき社会的責任とはいかなるものであり、いかなる運動や取り組みを実践してゆかねばならないかを考えることが重要である。

こうした実行プランによって、「改革の課題・目標」を実行すれば、連合は自己の活動を方向づけ、危機から脱出する実践を通して、目指すべき未来に近づくことが出来る。しかも、連合が危機を克服するということは、日本の社会の明日を形成する事に他ならないことを忘れてはならない。

連合は常に自己の原点に立ち返り、自己を変革することによって、この社会の危機を変革する歴史的使命を果たさなければならないのである。

働くことを軸とする安心社会

（目指す社会像として「働くことを軸とする安心社会」を2010年に提起。2011年、それを支えるトータルビジョンとして「新21世紀社会保障ビジョン」「第3次税制改革基本大綱」を策定、2013年「2014～2015年度 政策・制度 要求と提言」で、より具体化した政策課題として取りまとめた。以下は、同年度の「政策・制度 要求と提言」から、「『働くことを軸とする安心社会』の実現に向けた政策項目」を抜粋して要約。）

【橋Ⅰ　教育と働くことをつなぐ】

すべての子どもたちが、学ぶ機会を保障されるとともに、働くことの知識や技術を身につけ、学ぶ場から働く場へ円滑に移行できる制度を確立する。また、労働者が学び直せるよう、働く場と学ぶ場を自由に行き来できる環境を整備する。

1. 「貧困の連鎖」を防ぐため、すべての子どもに学ぶ機会を保障する。
2. 障がいのある子や異文化・言語の子どもなどが排除されない教育のシステムを作る。
3. 生きるための知識・働くことの技術を身につける教育を充実させる。
4. 学ぶ場から働く場へ、労働者の学び直しができるよう、学ぶ場・働く場相互をつなぐ。

【橋Ⅱ　家族と働くことをつなぐ】

すべての人が公平・公正なワークルールのもとで働き、妊娠、出産、子育てや介護などを社会全体で支えることによって仕事と家庭の両立を図り、職場、家庭、地域において男女が共に責任と権限を担う男女平等参画社会を構築する。

1. 男女平等参画社会の実現へ、だれもが働き続けられる「男女雇用平等法」を制定する。
2. 仕事と家庭の両立社会の実現へ、働き方・働かせ方を見直す。
3. 妊娠、出産・子育て・介護や傷病で失う所得保障とサービスを、社会全体で支える。
4. 税制や福祉・社会保障などの片働きモデルを見直し、中立的制度に改革する。

【橋Ⅲ　働くかたちを変える】

働く側が選択でき満足できる柔軟でディーセントな働き方の多様化をはかるとともに、労働時間短縮、ワークルールの整備を進め、働き続けられる職場環境を実現する。
1.「雇用基本法」を制定し、雇用政策と一体の産業政策で、良質な雇用の創出と完全雇用を実現する。
2. ディーセント・ワークの実現、雇用の質の向上を実現する。
3. フルタイムとパートタイムの行き来など、働く側が選択できる働き方の多様化を実現。
4. 雇用の分野の性差別を禁止、賃金格差の是正、男女の平等を実現する。
5. 雇用・就業形態の多様化に対応した集団的労使関係システムを構築する。

【橋Ⅳ　失業から就労へつなぐ】

離職を余儀なくされた人が雇用労働に円滑に復帰・移行できるよう、職業紹介と能力評価、所得保障が一体となった支援体制を強化する。
1. 職業訓練、能力評価、職業紹介を総合的・一体的に行う支援体制を確立する。
2. すべての労働者に雇用保険と健康保険を適用。(第1のセーフティネット)
3. 保険給付対象にならない離職者などへの支援を拡充。(第2のセーフティネット)
4.「最後の砦」としての生活保障制度を確立。(第3のセーフティネット)
5. 生きるために欠かせない住居と医療を確実に保障する。(第4のセーフティネット)

【橋Ⅴ　生涯現役社会をつくる】

高年齢者が長年培ってきた知識や経験、能力を発揮し、次世代に円滑に継承するため、様々な働き方の機会を確保すると同時に、老後を不安なく暮らせる所得を、賃金等の収入や貯蓄と年金によって安定的に確保できる制度を確立する。
1. 希望すれば、生涯にわたって働き続けることのできる社会を構築する。
2. 高年齢者が社会的貢献や文化活動などで役割を果たせるよう、その選択肢を保障する。
3. 老後を安心して暮らせるよう、信頼ある所得保障制度を整備・普及する。
4. 住み慣れた土地で安心して暮らせるよう、医療・介護へのアクセスを保障する。

【「働くことを軸とする安心社会」を支える基盤】

人々のニーズを適切に反映できる信頼のおける政府を確立。政府はNPO、協同組合、社会的企業など「新しい公共」の担い手と密接に協働し、良質な公共サービスの効率的な提供をはかるとともに、グリーン、ライフなど新たな内需型産業を拡大、雇用を創出する。

1．国と地方が役割分担して「働くことを軸とする安心社会」を支え信頼ある政府を作る。
2．公平な負担による分かち合いの社会を実現する。
3．持続可能な社会の実現に向け、企業が社会的責任を果たせるようCSRを推進する。
4．低炭素社会へ転換して、新たな内需型産業の拡大を通じ、持続可能な社会を実現する。

連合加盟産別等の一覧

連合
49組合
6,844,100

本部所在地
東京都千代田区神田駿河台3-2-11
連合会館内
電話 03-5295-0550

				（友好組織）
UAゼンセン 1,399,700 ○	JR総連 71,100 ○	全国農団労 13,400 ○	全印刷 4,300 ○	日建協 32,000 ○
自動車総連 763,600 ○	交通労連 48,600 ○	NHK労連 10,000 ○	全造幣 930	日高教（麹町） 9,200
電機連合 763,600 ○	ゴム連合 42,900 ○	全労金 8,900 ○	自治労 831,000 ○	
JAM 360,200 ○	サービス連合 41,100 ○	全信労連 5,100	日教組 260,200 ○	地方連合 47組織
基幹労連 254,700 ○	航空連合 35,900 ○	労供労連 4,100 ○	全水道 21,400 ○	
生保労連 235,500 ○	紙パ連合 28,600 ○	労済労連 3,600 ○	自治労連 4,500	
JP労組 234,100 ○	全電線 27,400 ○	全国ユニオン 3,200	国公連合 93,600 ○	
情報労連 220,000 ○	全国ガス 24,400 ○	全国競馬連合 2,900	森林労連 6,600 ○	
電力総連 218,700 ○	印刷労連 23,500 ○	全造船機械 2,600		
JEC連合 160,900 ○	海員 23,300 ○	港運同盟 3,200		
運輸労連 138,800 ○	全自交労連 20,900 ○	JA連合 1,300		
私鉄総連 113,800 ○	セラミックス連合 15,300	全映演 500		
フード連合 110,800 ○	全銀連合 14,900			
損保労連 89,500 ○	ヘルスケア労協 13,500 ○			
JR連合 80,700 ○				

（注）組織員数は2013年版厚生労働省労使関係担当参事官室「全国主要労働組合名簿」による。

国際産業別労働組合組織（GUF）に加盟している組合については、系統表枠の右に○印を付した。

JEC連合の組合員数は、化学総連の組合員数を含む。

連合の加盟組合員数（単一組合、都道府県連合直加盟を含む）は、労働組合基礎調査によるものであり、傘下産別の組合員数の合計とは必ずしも一致しない。

全国の地方連合会の所在地一覧

地域	地方連合会	住所	電話番号
北海道	北海道	札幌市中央区北四条西 ほくろうビル	011-210-0050
東北	青森	青森市本町 青森県労働福祉会館内	017-735-0551
	岩手	盛岡市菜園 農林会館	019-625-5505
	秋田	秋田市中通 フォーラムアキタ	018-833-0505
	山形	山形市木の実町 大手門パルズ内	023-625-0555
	宮城	仙台市青葉区本町 ハーネル仙台	022-263-9762
	福島	福島市仲間町 ラコパふくしま	024-522-0500
関東	群馬	前橋市野中町 群馬県勤労福祉センター内	027-263-0555
	栃木	宇都宮市中戸祭町 栃木県労働者福祉センター	028-650-5555
	茨城	水戸市梅香 茨城県労働福祉会館	029-231-2020
	埼玉	さいたま市浦和区岸町2-5-19 あけぼのビル	048-834-2300
	千葉	千葉市中央区中央 千葉県教育会館新館	043-201-2022
	東京	港区芝浦3-2-22 田町交通ビル2F	03-5444-0510
	神奈川	横浜市中区山下町24-1 ワークピア横浜	045-211-1133
	山梨	甲府市相生 山梨県労農福祉センター内	055-228-0050
東海	長野	長野県町 長野県労働会館	026-234-1626
	静岡	静岡市駿河区南町	054-283-0105
	愛知	名古屋市熱田区金山町 ワークライフプラザれあろ	052-684-0005
	岐阜	岐阜市鶴舞町 ワークプラザ岐阜	058-240-6605
	三重	津市栄町 三重県勤労者福祉会館	059-224-6152
北陸	新潟	新潟市中央区新光町 労福協会館	025-281-7555
	富山	富山市奥田新町 ボルファートとやま	0764-31-2525
	石川	金沢市西念 石川県勤労者福祉文化会館	076-265-5505
	福井	福井市問屋町 ユニオンプラザ	0776-27-5556
近畿	滋賀	大津市松本 連合福祉会館	077-523-0500
	京都	京都市中京区壬生仙念町 労働者総合会館	075-822-0050
	奈良	奈良市西木辻町 エルトピア奈良	0742-25-0500
	和歌山	和歌山市北出島 和歌山県労働センター	073-436-0501
	大阪	大阪市中央区大手前2-1-7 大阪赤十字会館	06-6949-1105
	兵庫	神戸市中央区下山手通 兵庫勤労福祉センター	078-361-0505
中国	鳥取	鳥取市天神町 鳥取県労働会館内	0857-26-6605
	島根	松江市御手船場町 中央労働福祉センター	0852-21-8105
	岡山	岡山市北区津島西坂 労働福祉事業会館	086-214-0077
	広島	広島市南区金屋町 広島労働会館	082-262-8755
	山口	山口市緑町 労福協会館	0839-32-1123
四国	香川	高松市福岡町　労住協第12ビル	087-802-2925
	徳島	徳島市昭和町 労働福祉会館内	0886-55-4105
	高知	高知市本町 こうち勤労センター内	088-824-5111
	愛媛	松山市宮田町 愛媛県勤労会館	089-941-0500
九州	福岡	福岡市博多区店屋町6-5 小松ビル	092-283-5529
	佐賀	佐賀市神野東 労働会館	0952-33-3705
	長崎	長崎市桜町 長崎県勤労福祉会館	095-826-8905
	熊本	熊本市中央区京町 京町会館内	096-353-3811
	大分	大分市中央町 ソレイユ	097-535-2255
	宮崎	宮崎市別府町 宮崎県労働福祉会館	0985-26-4649
	鹿児島	鹿児島市鴨池新町 県労働者福祉会館	099-250-5757
	沖縄	那覇市西3-8-14 連合会館	098-866-8905

※2014年12月現在

あとがき

この本の執筆作業を始めるに当たって私たちは、労働組合や労働運動のことをあまり知らない人にも理解してもらえるよう、分かりやすい文章で、また客観的に書こうと、お互いに確認しました。

文章は「です・ます」を基本にし、いわゆる組合用語はできるだけ使わないことにしました。各ページに解説の脚注を多く入れ、やや大きなテーマには関連のコラムを配置して、読者に理解を深めてもらうようにしました。また、視覚的にも理解を補完できるよう関連写真を多く掲載するようにも心掛けました。

出来上がった本書は、労働運動に関する本としてはあまり例のないスタイルと内容の本になったと、密かに自負しています。もちろん、これは読んでいただく読者の評価如何のことですから、私たち自身が言うことではありませんが…。

さて、本書の執筆には、長く厚生労働省で労働政策に関与され、ＩＬＯ担当もされて国際労働運動の動向を熟知されている長谷川真一氏、労働運動を長期間にわたって外部から観察しているベテラン労働記者の山田行雄氏、産業別労働組合に長年勤務され労働運動の実際を体験した鳥居徹夫氏の、三氏の協力をいただきました。それぞれの方が、異なる角度から連合を観察する立場にあることは、連合の姿を包括的・客観的に書くメンバーにふさわしい陣容となりました。

その結果、①連合誕生の背景から、結成までの苦難と労働戦線統一の意味、②結成から25年間の具体的活動と成果、③連合の組織と運営の実際、④政策制度要求と賃金・労働時間などの個別労働条件向上の取組みの実際と現状、⑤国際労働運動と連合の関わり──と、過去から現在、そして現状の連合の実像について包括的で具体的に記述した事実内容で、各章をまとめることができました。さらに神津事務局長との対談で、連合が明日に向けて進もうとしている方向を語ってもらいました。

最後になりましたが、出版に至るまでの間、多様な面からご協力をいただいた多くの方々に、心よりお礼を申し上げます。

連合には仁平章企画局長をはじめとした職員の方々に資料や写真の提供などで、大変お世話になりました。多忙な時間を対談に割いていただいた神津事務局長への感謝と合わせて、厚くお礼申しあげます。出版をお引き受けいただいた日本リーダーズ協会の西原孝慶代表理事、石川勉氏には編集整理で、ティー・プラス社の池上和希氏にはレイアウト等で有益なご提案を多々いただきました。有難うございました。

２０１５年1月

編著者　久谷　與四郎

執筆者 略歴と担当

久谷《くたに》 與四郎《よしろう》…………企画、および全体調整
第１章、第２章、第７章対談 執筆担当

労働評論家。

1938（昭和13）年生まれ。

1960年、上智大学新聞学科卒業後、読売新聞社に入社。

社会部記者として長く労働問題を担当。社会部デスク（次長）、労働・社会保障問題担当論説委員の後、労務部長、労務担当補佐、総務局長などを経て、役員待遇・北海道支社長。

1999年に退社の後、日本労働研究機構（ＪＩＬ）理事を務める。

現在、幅広いテーマで執筆・講演活動を行っている。

長谷川《はせがわ》 真一《しんいち》……………………… 第６章 執筆担当

1950（昭和25）年生まれ。

学歴昭和47年３月東京大学法学部卒業。

昭和47年４月労働省入省。

労政局労働法規課長、同局労働組合課長、労働基準局監督課長、大臣官房秘書課長、職業安定局高齢・障害者対策部長、厚生労働省大阪労働局長、総括審議官（国際担当）を歴任。

平成17年１月ＩＬＯ（国際労働機関）アジア太平洋総局長（在バンコク）。

平成18年１月ＩＬＯ駐日代表。

平成24年３月ＩＬＯ退職。

平成24年６月公益財団法人国際労働財団理事（現職）。

平成24年10月NPO法人ＩＬＯ活動推進日本協議会専務理事。

山田《やまだ》 行雄《ゆきお》……………… 第３章、第４章、第５章 執筆担当

1946（昭和21）年生まれ。
労働記者。
労働経済新聞編集局長、新労働通信編集長などを経て現職。

鳥居《とりい》 徹夫《てつお》……………… 第３章、第４章、第５章 執筆担当

労働研究者。

1950（昭和25）年１月４日生まれ。

1973（昭和48）年茨城大学人文学部卒。

造船重機労連（全国造船重機械労働組合連合会）に入職。教育広報部長等を担当。

造船重機労連と鉄鋼労連の統合を機に、国会議員政策秘書、国務大臣秘書官を歴任。

働く人を守る

―「連合」25年の実像と役割―

平成二十七年一月二十日　初版第一刷発行

編著者　久谷與四郎
発行者　西原孝慶
発行所　日本リーダーズ協会

〒162-0825　東京都新宿区神楽坂1-9
電　話　03-3260-6371
FAX　03-3260-8647
印　刷　株式会社ティー・プラス